MERIDIANE

Aus aller Welt

Band 1

1997

[illegible]

[illegible]

Thomas Hürlimann

Das Holztheater

Geschichten und Gedanken am Rand

Ammann Verlag

Satz: Gaby Michel, Gießen
Druck und Bindung: Clausen & Bosse, Leck
ISBN 3-250-60001-6

Walter Georgi, dem Lehrer

Sehr geehrter Herr Präsident, sehr geehrte Damen und Herren,

ein Sommerabend auf der Insel Bornholm. Am Strand stand eine große Tafel, BADEN VERBOTEN, aber das Meer war ruhig, die Gefahr schien mir gering, ich legte meine Kleider, das Geld und den Paß unter die Verbotstafel und schwamm hinaus. Als die Sonne zu sinken begann, kehrte ich um, schwamm zurück, stieg nackt an Land, und sicher können Sie meinen Schrekken nachfühlen – meine Sachen waren weg. Ich bedeckte mit einer alten Zeitung mein Geschlecht, ging zur Strandstraße hoch und versuchte, vorbeifahrenden Autos ein mitleiderheischendes Gesicht zu zeigen. Ein junger Mann ließ mich einsteigen. Ich erklärte ihm, während ich hinausgeschwommen sei, habe ein Strandräuber zugeschlagen. Der Mann sah mich ungläubig an. Hier, fragte er, sind Sie hinausgeschwommen? Ich zeigte auf die Tafel: Dort haben meine Kleider gelegen. Da wendete der Mann den Wagen und fuhr langsam Richtung Norden. Nach gut hundert Metern hielt er an und spähte zum Strand hinunter, wo wieder eine dieser Tafeln stand, BADEN VERBOTEN, und so ging es nun weiter, von Tafel zu Tafel, deren Schatten länger wurden und schräger. Etwa bei der achten oder neunten Verbotstafel lag ein dunkles Bündel – meine Kleider. Sie ahnen, was passiert war: Den Schwimmer hatte eine Strömung erfaßt und nach Süden davongetrieben. So war ich zwar, aus dem Meer steigend, zu einer Tafel gelangt, die sich von der Tafel, wo ich abgeschwommen war, kaum unterschied, auch der Strand sah hier, im Süden, gleich aus wie weiter oben, zwischen diesen beiden Punkten jedoch hatte ich vollkommen mühelos und vollkommen ahnungslos eine lange Stecke zurückgelegt, und wäre ich draußen auf dem Meer nur zwei oder drei Minuten später umgekehrt, die Strömung hätte mich so weit nach Süden gefahren, daß ich die Südspitze der Insel nie mehr erreicht hätte.

Ich bin im Dezember 1950 in Zug, einer binnenländischen Kleinstadt, geboren, und an jenem Augustabend 1981 auf Bornholm wäre ich beinah gestorben. Zwei Monate später eröffnete Egon Ammann mit meinem ersten Buch seinen Verlag, und im Schauspielhaus Zürich inszenierte Werner Düggelin mein erstes Stück. Heute lebe ich mit meiner Frau, Kathrin Brenk, in einem voralpinen Dorf und bin glücklich, mit dem Schreiben von kleinen Geschichten und Theaterstücken soviel Geld zu verdienen, daß ich meiner liebsten Tätigkeit nachgehen kann, dem *Lesen*.

am Rand:

… und dem Spazieren! »Aus der Bibliothek in den Garten«, sagt Augustinus.

Sehr geehrter Herr Präsident, meine Damen und Herren,

ich danke Ihnen, daß Sie mich als korrespondierendes Mitglied in die Akademie für Sprache und Dichtung aufgenommen haben.

Der Kosmopolit wohnt im Kosmos

Abendspaziergang mit der Katze

Etwa eine halbe Stunde vor Anbruch der Dämmerung streicht mir die Katze um die Beine, stupft mich an, maunzt, und ich muß, was immer ich gerade tue, unterbrechen, um mit ihr zu revieren. Natürlich verläßt sie das Haus auch ohne mich; den abendlichen Spaziergang jedoch, der ein Stück durch den Wald führt, unternimmt sie nur mit mir – es ist ein Ritual geworden. Vor gut zwei Jahren hatte es begonnen. Auf einem Spaziergang hörte ich plötzlich ein Knacken hinter mir, leis, nah, blieb stehen – nichts, wohl eine Täuschung, dann aber, da ich eine Lichtung betrat, sah ich auf der gegenüberliegenden Seite ein Tier hocken, in den Abendschatten der Bäume geduckt, ein merkwürdiges Tier, denn offensichtlich schien es zu dulden, ja zu erwarten, daß ich mich näherte. Sie wars, die Katze. Von da an machten wir unsere Tour gemeinsam, und ich habe keine Ahnung, wie sie es schaffte, mich Tag für Tag auf den gleichen Weg zu locken, immer den gleichen, Schritt für Schritt. Sie erlaubt nicht die geringste *Abweichung*, schließlich hat sie, wie ich bald merkte, ihre festen Punkte – da ists ein Baumstrunk, dort ein vermooster Stein, dort eine Astgabel, und jeder Punkt, jede Wegmarke muß kurz beschnuppert, beäugt, manchmal mit dem Kopf bestrichen werden, kaum je läßt sie etwas aus,

und erwartet, daß ich immer, sogar an lauen Sommerabenden, meinen Schirm dabeihabe. Warum? Na, damit ich Signale, die sie mit dem Schwanz aussendet, in etwa erwidern kann!

jede Veränderung fällt ihr auf, diese Strecke geht durch all ihre Sinne hindurch, Punkt für Punkt, Abend für Abend.

Ein Bild von Picasso

Von diesen Katzen- und Dämmerungsgängen kehre ich nicht etwa erholt, nein, ich kehre so müde zurück, daß ich mich meistens hinlege, sofort in einen kurzen Tiefschlaf versackend. Auch Sie, da bin ich ziemlich sicher, kennen diese ganz besondere Weise des Müdeseins – aus dem Museum, aus einer Ausstellung. Ja, vor einem Bild, vor einer Statue kann es passieren, daß wir auf einmal schlappmachen. Wir müssen uns hinsetzen, gähnend und in Gliedern und Lidern so schwer, als hätten wir eine gewaltige Leistung vollbracht. Die Leistung ist tatsächlich vollbracht worden, nämlich in den Bildern, von den Künstlern, und so spricht es nicht etwa gegen das Werk, wenn es uns müde macht – seine Konzentration, die im Bild konzentrierte Wirklichkeit, faltet sich in wenigen Augenblicken auf und setzt uns einem ganzen Stoß von Empfindungen aus, von An-, Ab- und Aussichten. Um es an einem Beispiel zu sagen: Picasso malt den Kopf einer Frau von verschiedenen Seiten, mit verschiedenen Gesichtern, und vielleicht müßten wir jahrelang mit dieser Frau leben, immer wieder um sie herumgehen, sie kniend anbeten und von oben herab verachten, bis wir nur annähernd so viel von ihr wüßten, wie uns Picasso zeigt. Ja, er zeigt uns diese Frau, er setzt uns ins Bild. Während wir nicht viel mehr als ein schräges Auge und eine komische Nase sehen, ein paar knallige Farben und kuriose Formen, beginnt das Bild von sich aus zu wirken – es jagt uns in der ungeheuerlichen Geschwindigkeit der Gedanken um den Kopf dieser Frau herum, und könnten wir eine solche Strecke nur annähernd abschätzen, wir würden uns über die Müdigkeit, die gute Bilder in uns auslösen, nicht mehr wundern.

Eines Tages reagierte eine Dame aus der Pariser Gesellschaft empört und ablehnend auf das Porträt, das Picasso von ihr gemalt hatte. »Mon Dieu, Maestro, dieses Geschmier soll ich sein?« Er lächelte nur. »Madame«, meinte Picasso, »eine wie Sie sollte sich photographieren lassen. Da sind Sie sechs Zentimeter groß und grau.«

Vor Photos werden wir nur selten müde. Von langen Wanderungen komme ich erholt zurück. Aber starke Bilder machen mich müde, die Gänge mit der Katze machen mich müde, und wiewohl ich nicht sagen kann, was geschieht, wage ich doch zu behaupten, daß etwas geschieht. Was ist der Grund dieses Müdewerdens?

Ich habe, vielleicht etwas großsprecherisch, einen Titel angekündigt, der dem, was ich bisher sagte, diametral entgegenzustehen scheint: Der Kosmopolit wohnt im Kosmos. Kosmos, darunter verstehen wir gemeinhin die Weite des Universums, und als Kosmopolit gibt sich aus, wer überall auf dem Planeten zuhause ist, weltgewandt und weitgereist. Das allgemeine Verständnis faßt die beiden Begriffe möglichst groß, offen und weit, und zugegeben, bisher habe ich ausschließlich von engen Bezirken gesprochen, von einem Abendspaziergang, stets dem gleichen, mit der Katze und von einem Frauenporträt von Picasso.

»Unter allen Völkerschaften haben die Griechen den Traum des Lebens am schönsten geträumt.«
Goethe, Maximen u. Reflexionen.

Das *erste Europa* müssen wir in der Gegend des alten Griechenland vermuten. Damals waren Götter und Menschen eins mit der Natur. In jedem Haus, jedem Fluß, jedem Hain war das Heilige anwesend. Der Kosmos war zum einen das große Ganze, und zum andern war er das Kleinste, nur ein Wassertropfen, nur ein Punkt. Peter Sloterdijk gibt die Wortwurzel von Kosmos mit »Kleinod« an, die Wortwurzel von mundus, Welt, mit »Mundgrube«, und allein aus dieser ursprünglichen Bedeutung der Wörter läßt sich erahnen, daß die Alten nicht in die Breite dachten, sondern in die Höhe. Ihr Kosmos war der Zusammenhang von Punkt und All, von Hain und Gott, von Mensch und Natur. So legten sie auch ihre Polis an. Sie waren, die Politiker von damals, weniger auf Zusammenarbeit in der Ebene aus: Athen und Sparta verbanden sich nicht miteinander, wohl aber sahen sich beide Stadtstaaten mit dem großen Ganzen konföderiert – sowohl die Athener als auch die Spartaner verstanden ihre Polis als ein Abbild des Kosmos. Wer sich als Bürger richtig verhalte, als Polit, so ihre Überzeugung, der verhalte sich auch als Kosmopolit richtig, als Bewohner und Bestandteil des Universums.

Der moderne Kosmopolit, ich sagte es bereits, fühlt sich in der Ebene heimisch, überall auf der Oberfläche des Planeten. Der Kosmopolit der Antike jedoch bewegte sich weniger in der Fläche, sondern, um es auf eine Formel zu bringen, in der *Vertikale*, zwischen Erde und Himmel, zwischen dem einen kleinen Punkt und dem Ganzen des Universums. Nicht in die Breite, in die Weite reiste er, in die Höhe.

Katze reckt den Schweif, Spaziergänger zückt den Schirm. Beide halten inne.

Licht und Dunkel

Anno null ist die Kosmosfrömmigkeit vom Christentum zerstört worden. Der christliche Gott war nicht mehr in der Natur, im Kosmos, vielmehr steht er, als absolute Wahrheit, außerhalb des Irdischen. Dadurch entfremdet sich auch der Mensch der Natur. Er begann sich seiner Natürlichkeit, seiner Triebe, zu schämen und suchte, anders als die Griechen, deren Götter, Faune und Böcke im Morgenlicht fröhlich getanzt, gesoffen und gehurt haben, das Heilige fortan im Geistigen, im Absoluten, in der Abtötung von Lust und Fleisch. So entstand über uns Menschen, wie Hegel sagt, »der Himmel der Wahrheit«, die Distanz zwischen Himmel und Erde jedoch, zwischen Geist und Fleisch, zwischen Gott und Natur war auf einmal so groß, daß die natürliche Verbindung zwischen dem Punkt und dem All zerriß. Hier unten wir Menschen mit unseren dunklen Trieben, den finsteren Gedanken und dem grauen Alltag – und dort oben das einzig Wahre, das höchste Gute, ein großes und stilles Leuchten. Zwar gab es nach wie vor die *Analogie* zwischen den beiden Welten, aber eine Anwesenheit des Göttlichen hienieden oder des Menschlichen im Götterhimmel war nicht mehr denkbar. Das heißt, bei dieser großen Wende, die ja auch zur Zeitenwende geriet, wurde das bisher Vermischte getrennt. Hier das Irdische, hieß es nun, dort das Absolute. Hier das Dunkel, dort das Licht.

Die nächste große Zeitenwende brachten die Aufklärer. Sie haben die christliche Lichtmetapher usurpiert und machtvoll in ihr Gegenteil umgedreht. Von nun an war die Religion die Finsternis, und ganze Brigaden von Beleuchtern machten sich ans Werk, mit ihren

siehe hierzu die wunderbaren Überlegungen des Doctor subtilis. Der Zustand der Welt, meint er, beweise, daß die Schöpfung mit ihrem Schöpfer nicht identisch sei. Aber: wie weit geht die Trennung? Ist sie absolut? Die Konsequenz wäre fatal. Gott hätte uns entlassen. Die Welt wäre ihm fremd geworden. Die subtile Rettung: zwischen

Schöpfer und Schöpfung besteht eine Analogie. Man versteht sich gegenseitig als Metapher.

Scheinwerfern den Himmel abzuleuchten und dem dumpf gläubigen, gottesfürchtigen Volk zu beweisen, daß über den Köpfen kein Gott sei, sondern die Atmosphäre, das Nichts. Die Abwrackung der Metaphysik begann; der Himmel wurde geschlossen, Gott für tot erklärt, und das war möglich, weil ihn die Menschen als Seinsgeber nicht mehr brauchten. »Cogito, ergo sum« ist das Schlagwort der Aufklärer. Damals, im 17. Jahrhundert, war das eine *revolutionäre* und *befreiende* Behauptung. Sie machte den Menschen selbständig. Weil ich denken kann, sprach er nun, bin ich existent, habe ich Sein. Die Aufklärer hatten das Licht der Vernunft angezündet, und das Volk, das bisher in kalten, düsteren Domen vor dem Herrn gezittert hatte, erwärmte sich daran.

Ja, revolutionär! befreiend! Das gilt bis heute. Aufklären heißt erhellen. Illuminismo (Italien), Enlightenment (England), Siècle des lumières (Frankreich): das zweite Europa.

Der Club der Atheisten, eine Erinnerung

Meine Jugend verbrachte ich in der Klosterschule. Wir trugen schwarze Kutten, besuchten jeden Morgen die Messe, und die Klostermauer, wie ich viele Jahre später, als ich in Westberlin lebte, eines Tages nachgemessen habe, war genauso hoch wie die Mauer zwischen den beiden deutschen Staaten. Wer beim Überklettern erwischt wurde, erhielt das consilium abeundi, id est, er flog raus, und natürlich ereilte diese strengste aller Strafen auch den, der gegen die religiösen Gebote verstieß. Im Alter von fünfzehn Jahren gründeten wir einen Atheistenclub. Wer Mitglied werden wollte, mußte eine Aufnahmeprüfung bestehen, und weil das auch für uns galt, das Gründungskomitee, stieg ich an einem

Sonntag, während unten in der Kirche das Hochamt zelebriert wurde, mit klopfendem Herzen in den von Tauben durchflatterten Dachstuhl der Klosterkirche hinauf, kletterte auf die Außenwölbung der sogenannten Weihnachtskuppel, robbte mich an eine kleine, kraterähnliche Öffnung heran, und dann – mein Herz raste jetzt – stieß ich durch den Zenit der Kuppel ein Papierflugzeug ins Kirchenschiff hinunter. Seine Flügel waren mit einem Nietzsche-Wort beschriftet: Die Religion sei der »Wille zum Winterschlaf«. Ich beugte mich über den Kraterrand und sah zu, wie der Papierflieger in Kreisen hinunterschaukelte, wie er, von der Wärme der betenden Masse getragen, wieder ein wenig Höhe gewann und nur langsam tiefer ging, kleiner werdend, ein heller, schließlich verschwindender Punkt. Noch sah ihn niemand. Die Zöglinge, die Präfekten, das Wallfahrtsvolk – alle schauten andächtig nach vorn, wo der Priester gerade die Hostie hob, *hoc est corpus*, das ist mein Leib. Der Papierflieger landete, und er schlug ein wie eine Bombe! Am nächsten Sonntag kam wieder ein Satz geflogen, wieder bestand ein Zögling die Aufnahme in den Atheistenclub, und es soll mir bitte niemand sagen, man könne mit Literatur nichts bewirken! Ich habe erlebt, was ein einziges Blatt Papier, richtig gefalzt und beschriftet, in einer vollen Klosterkirche ausrichten kann. Zwei Jahre später, Anno 68, besetzten wir das Rektorat und verbrannten unsere Kutten. Wir verlangten freien Ausgang, Pommes frites wollten wir essen und Cola trinken und die Stones hören.

woraus das noch nicht aufgeklärte Volk seine Zauberformel ableitete: Hokuspokus. Aus dem leeren Zylinder flattern Tauben.

Der Moment, da ich merkte, etwas bewegt, etwas verändert sich, gehört zu den schönsten meines Lebens. Aber ich will nicht verschweigen, daß mich hie und da ein sonderbares Heimweh überfällt. Gewiß, ich lebe bequem und ohne Furcht. Aber eben, ich lebe in der Fläche, und immer öfter fehlt mir der Überbau, die schwindelerregende Kuppel, zu der ich, mal dankbar, mal wütend, aufblicken kann. Meine metaphysischen Antennen zappeln ins Leere.

Autos

Schirm!

Gaul!
(Es riecht nach Zarathustra!)

Traten in meiner Kinderzeit die Erwachsenen aus dem Haus, schauten sie sofort auf, zum Himmel. Mein Großvater, er starb Anno 57, ist alle seine Wege mit einem schwarzen großen *Schirm* gegangen, auch im Sommer, schließlich gab es noch keine Satelliten, das Wetter war wendisch, und so ging der Blick immer wieder nach oben, wird es regnen oder nicht. Nach Großvaters Tod wurde sein Sarg von einem Pferdefuhrwerk zum Friedhof gebracht, und ich erinnere mich gut an meine zwiespältigen Gefühle, als ich hörte, dieser Gang zum Friedhof sei auch für den *Gaul*, der so manche Leiche gekarrt hatte, der letzte gewesen; ein schwarzer Mercedes-Kastenwagen hat ihn ersetzt. Der Gaul tat mir leid, ja, aber noch viel größer war meine Freude über den Leichenwagen, den das ganze Dorf als Triumph des Fortschritts bejubelte, der Pfarrer hat ihn eingesegnet, und freiwillig sich meldende Ministranten putzten ihn so lange mit Sigolin, bis sein Schwarz zu gleißen begann.

Zu Großvaters Zeiten ging man, auch im übertragenen Sinn, unter dem Himmel. Dann wurde der Regenschirm durch das Auto ersetzt, und verzeihen Sie bitte, wenn ich so etwas Plattes sage: Die Scheinwerfer eines Autos zielen nach vorn, sie leuchten geradeaus, in die Fläche. Mit anderen Worten: Von jetzt an schien der Blick nach oben nicht mehr nötig zu sein, wichtig war nur noch die Orientierung in der Ebene, auf der Straße – willst du sie überqueren, sagen wir den Kindern, mußt du erst nach links, dann nach rechts schauen.

Das Auto, dieser mobile Scheinwerfer, ist die Fortsetzung der Aufklärung im Flachland. Der Mensch hat sich aus metaphysischen Sphären verabschiedet, er ist zum selbstbestimmten Einzelnen geworden, und dieser Eine, hinter das Steuer seines Wagens geklemmt, schaltet, waltet, leuchtet und rast, wie es ihm beliebt.

RENATUS CARTESIUS

Bis zum Jahr null, zur ersten großen Wende, war der Mensch zugleich gut und böse gewesen, die Natur göttlich, der Gott menschlich und manchmal sogar ein *Tier*. Dann wurde das Gemischte gesondert: Ab sofort war das Licht bei Gott, und die Finsternis war bei den Menschen, deine Rede sei Ja ja, Nein nein. Aber, aller Ferne zum Trotz, hoch über dem Jammertal leuchtete ein Oster- und Erlösungslicht, das auch die Finsternis durchdrang. Er, der Höchste, war der Geber, der Herr und der Hüter allen Lebens, allen Seins. Dagegen lief Cartesius mit seinem Cogito Sturm. Wer denkt, ist: Punkt. So weit, so gut. Für den Menschen begann eine bequemere, eine freiere Epoche. Für alle anderen Lebewesen jedoch erwies sich die Cartesiansiche Formel als Vernichtungsurteil, und leider gilt sie immer noch, Tag für Tag sterben mehrere Arten aus, wen wunderts, Tiere, so Cartesius, haben keine Vernunft, also haben sie kein Sein und müssen, der Begriff ist von Cartesius, unter die »Automaten« gerechnet werden.

Bei den Ägyptern die Katze. Ob sie es deshalb geschafft hat, sich sowohl aus dem Alten als auch aus dem Neuen Testament herauszuhalten?

»Die vollends aufgeklärte Erde«, schreiben Adorno und Horkheimer 1947, »strahlt im Zeichen des triumphalen Unheils.«

Dieser Punkt ist erreicht. Die Städte werden hell und heller; die Autobahnen, die Straßen, die Häuser, alles leuchtet, alles strahlt. Wir sind zur Aufklärung angetreten, und das heißt ja wohl: Nicht das Licht haben wir zu fürchten, sondern das Dunkel. Gewiß, noch mögen die Städte im Osten die Nacht kennen. Aber lang wird es nicht mehr dauern, und auch da strahlen Autoscheinwerfer in Straßen hinein, die ihrerseits von Lampen ausgeleuchtet werden wie früher der Todesstreifen an der Berliner Mauer.

Um für dieses Licht den Strom zu erzeugen, werden Atomkraftwerke gebaut, wird die Erde ausgebeutet, und all dies, dieses gewaltige Untergangs-Programm, soll die Vernunft gewollt haben? Die Aufklärung nahm dem Menschen die Furcht, und das war gut so, sie gab ihm eine Existenz, da wurde es schon problematisch, nun jedoch, da die Kuppeln längst eingestürzt und alle Kathedralen zerfallen sind, strahlt diese Aufklärung weiter, sie zischt in der Ebene herum wie eine defekte, am Boden abbrennende Weltraumrakete. Die Wörter sind nach wie vor die gleichen, von Freiheit ist die Rede und von Selbstbestimmung, und weil das Programm rein und ausschließlich auf die Ebene bezogen ist, heißt es heute: Freie Fahrt für freie Bürger! Ja, sogar ein Geschwindigkeitslimit auf den Autobahnen empfindet der deutsche Aufklärer in seinem Aufklärungsmobil als eine Zumutung, gegen die er die hehrsten Begriffe seiner Geschichte zuhilfe nimmt.

Leider organisiert sich auch das neue, von allen so heftig bejubelte Europa an Cartesius und seinem Seinsbegriff, wonach der Mensch, wie früher der Gott, Geber, Herr und Hüter allen Lebens, allen Seins ist. Mit dem ausdrücklichen Segen der Eurokratie wird in die Genesis von Mensch, Tier und Pflanze eingegriffen, der achte Schöpfungstag hat begonnen, und zwar überall, nicht nur in den Laboratorien der Trusts. Ja, was für ein Triumph für Descartes! In den Stationen der sogenannten Intensivmast ist das Licht auf jene Tageszeit fix und für immer eingestellt, da die Tiere am meisten fressen, ebenso die Temperatur, und was geschieht? Die armen Hühner und Schweine und Kälber und Kühe, von ihren Instinkten geleitet, degenerieren tatsächlich zu Automaten, zu stets und ständig sich mästenden Freßmaschinen, die ihr Schlachtgewicht in knapp einem Drittel der natürlichen Wachstumszeit erreichen. Dann werden sie, was nicht nur ökologisch, sondern auch ökonomisch kompletter Unsinn ist, quer durch den Kontinent zur preisgünstigsten Fleischbörse transportiert, dort in ihre Bestandteile zerlegt, in Plastikfolie eingeschweißt, in Kühlhallen gelagert, und sollte dem Elektriker, der in der Intensivmaststation Temperatur und Licht regelt, der Appetit nicht vergangen sein, so kann er in einem zwar fensterlosen, aber grell ausgeleuchteten Supermarkt in eine gleißend helle, weiß vereiste Kühltruhe greifen und sich ein Stück des von ihm produzierten Fleisches herausholen: Quer durch den Kontinent ist es im luftverpestenden und lichtversprühenden Großlastwagen an den Ort seines Ursprungs zurückgekehrt.

Licht Licht Licht, wohin man auch greift, aber ist das die Helle der Vernunft?

Ein Wort in eigener Sache

Vermutlich denken Sie jetzt: Aha, da spricht ein typischer Schweizer, ein Tresorist, der von Europa nichts wissen will und gern im Safe hockt, wo ihm die Fluchtgelder der Mafia- und Drogenbosse den Arsch wärmen. Diesen Vorwurf kenne ich, seit ich mich im Schweizer Abstimmungskampf gegen einen Beitritt zu Europas »Konsumverein« (Pannwitz) ausgesprochen habe. Vorsicht! Heutzutage wird, gerade in Deutschland, der Supranationalismus genauso pompös zum Fetisch erhoben, wie das im 19. Jahrhundert mit dem Begriff »Nation« geschehen war, und Transnationalisten, mögen sie Helmut Kohl heißen oder Adolf Muschg, sind mir ähnlich suspekt wie Nationalisten. Beide brauchen eine Flagge, die Transnationalisten sogar zwei, die nationale und die europäische, und die Zeit der Flaggen, tut mir leid, ist passé. Nein, ich rede nicht der Nation das Wort. Ich meine vielmehr, daß wir uns in eine Falle hineinmanöveriert haben, nämlich in die Falle der totalen Ebene, und die, glauben Sie mir, ist weder mit nationalen noch mit europäischen Mitteln zu einem bewohnbaren Ort zu machen.

Keine Fahnen! Keine Gewehre! Zückt die Regenschirme! – und ich verspreche euch: mit gerecktem Schweif antworten die Katzen aus mondenen Nächten, von Müllkippen und Plüschsofas.

Nietzsches Offenbarung

Im August 1881 wandert Friedrich Nietzsche, wie oft in jenem Sommer, um den kleinen Bergsee von Silvaplana herum. Da, plötzlich, kam ihm, wie er später schrieb, ein neuer, gewaltiger Gedanke. Es ist der Gedanke einer ewigen Wiederkunft, und wiewohl die Weise, wie der Gedanke kam, nämlich als Blitz, als Offenbarung, fast wichtiger ist als sein Inhalt, möchte ich zuerst, in aller Kürze natürlich, auf den Kern dieser Wiederkunfts-Lehre eingehen. Sie ist der Antike entlehnt und führt zurück in kosmologische Zusammenhänge, in jenes *»gefährliche Vielleicht«*, wie Nietzsche sagt, das Gott und Mensch, All und Punkt, Gut und Böse, Ja und Nein zusammendenkt. Nietzsche will die zweiwertige Logik aufheben, die Klärung in eine irdische Welt und eine absolute der allgemeingültigen Wahrheiten. Da aber die Aufklärer, wie er sagt, genau wie die Priester, an dieser grundsätzlichen Teilung des Kosmos in Licht und Finsternis, in helle Wahrheiten und dunkle Triebe festgehalten hätten, zerschlägt er auch deren Position mit dem Hammer in Stücke.

§2 in: Jenseits von Gut und Böse. »Vielleicht! – Aber wer ist Willens, sich um solche gefährlichen Vielleichts zu kümmern! Man muß dazu schon die Ankunft einer neuen Gattung von Philosophen abwarten, solcher, die irgendwelchen anderen umgekehrten Geschmack und Hang haben als die bisherigen, – Philosophen des gefährlichen Vielleicht in jedem Verstande. – Und allen Ernstes gesprochen: ich sehe solche Philosophen heraufkommen.« So kündet Nietzsche sich selber an. Ob er ahnte, was kommen würde?

Das, um seine berühmteste Formel zu zitieren, soll seine Umwertung aller Werte sein, die große Wende: Nietzsche geht es um eine neue Form des Denkens, um eine neue Weise des Sehens, und diese neue, andere Sicht der Dinge hat er nicht etwa erdacht, nein, wie ein Blitz hat sie ihn überfallen und, im wahrsten Wortsinn, umgehauen. Am See von Silvaplana lag für Nietzsche Damaskus. Hier ist sein Denken verwandelt worden: Incipit Zarathustra! »Mit unsäglicher Sicherheit und Freiheit«, erzählt er in Ecce homo, sei »Etwas hörbar und sichtbar« geworden, »Etwas«, das ihn, wie er schreibt, »im Tiefsten erschüttert und umgeworfen« habe.

Die Erschütterung ruft zum einen der Gedanke selbst hervor, der Ewige-Wiederkunfts-Gedanke, und fast noch mehr erschüttert den einsamen Wanderer die Tatsache, *wie* der Gedanke kommt. Bis zu diesem Punkt hat er *nach*gedacht. Nun meldet sich das Denken selbst, das heißt, eine andere und größere Welt stürzt aus eigener Kraft auf den nichtsahnenden Wanderer ein.

Betrachten wir noch einmal das Modell, nach dem wir seit zweitausend Jahren denken und sehen. Es ist das Subjekt/Objekt-Denken, also ein Denken und Sehen, das rein und ausschließlich von unserem Ich ausgeht. Cartesius hat es auf das Cogito, auf den einzelnen Menschen reduziert und ein für allemal für verbindlich erklärt. Heute sitzt das Subjekt im Auto und beherrscht die Welt, zumindest die Oberfläche. Wir sehen nur noch das, was unsere Scheinwerfer beleuchten; wir sind, was wir fahren, und wer mir nicht glaubt, spitze bitte sein Ohr! »Ich stehe vor der Oper«: Dieses Sätzlein wird in knapp fünf Minuten, am Ende meines Vortrags, mehrfach fallen. Die Personen, die es äußern, werden allerdings im Innern des Hauses stehen, nicht davor. »Ich stehe vor der Oper«, das besagt nichts anderes als: Mein wahres Ich ist mein Auto.

Subjekt/Objekt sind lateinische Wörter und eine römische Schöpfung. Die Römer nämlich, imperialistisch und kolonialistisch wie sie waren, konnten mit der griechischen Vertikale nichts anfangen. Sie walzten alle Grenzen platt und rollten ihren Limes bis zu den Rändern der damaligen Welt.

Die Griechen standen dem römischen Eigen- und Flachsinn perplex gegenüber. Sie waren, wie ich am Anfang angedeutet habe, in ihrem Denken und Sehen anders gepolt, gerade umgekehrt. Für sie, die Kosmosfrommen, war der Verstand nicht absolut und an alle Anfänge gesetzt, sie erfuhren die Welt nicht, im Gegenteil, sie ließen die Dinge kommen. Der Anfang konnte folglich im Ding sein, in seiner Bewegung, oder er konnte im Ich sein, in dessen Verstand oder Auge, festgesetzt war das nicht. Für sie war das Phänomen wirklich und wahrhaftig ein Phänomen, nämlich eine Offenbarung, Epiphanie. φαινεσδαι übersetzt Heidegger mit: das aus-sich-heraus-Erscheinen.

Nietzsches Regenschirm

Eine der letzten Notizen Friedrich Nietzsches lautet: »Ich habe meinen Regenschirm vergessen.«

Jacques Derrida rät in einer wundervoll kryptischen Schrift, den lapidaren Satz als Botschaft aus den weiten Räumen des Wahns zu lesen, als letzte Nachricht an uns, die im Flachland zurückbleiben müssen.

Nietzsche, der Pfarrerssohn, ist einen weiten Weg gegangen. Er wetterte wie kein zweiter gegen Gott und Götter, gegen absolute Wahrheiten und reine Ideen. Ja, auch er war ein Aufklärer, ein Erheller, beim Stein von Surley jedoch, am Bergsee von Silvaplana, wurde ihm blitzhaft klar, daß

Ja, was?

Was jetzt? Wie weiter? In diesem Blitzmoment, schrieb Nietzsche später, »wendete sich das *Schicksal* meiner Seele«. Ja, da vollzog sich tatsächlich eine Wendung, eine gewaltige Umwertung, von diesem Augenblick an war Nietzsche ganz Auge, ganz Ohr, ganz Wunde, schmerzlich geöffnet dem gefährlichen Vielleicht. So konnte »Etwas« in ihn einströmen, das noch nicht vom Ich, vom Verstand, vom Cogito zerkaut und zerteilt war, kein Ja und kein Nein, sondern – vielleicht – das Vielleicht, das zugleich der kleinste Punkt und das Ganze des Universums ist oder war oder sein könnte, Gott und Mensch und Tier, nämlich ein

Was jetzt? Wie weiter?

Derrida: Entfernung wird, im Sinn Heideggers, Ent-Fernung. »Die Distanz distanziert sich, die Ferne wird ent-fernt.« Zwischen Subjekt und Objekt ist kein Zwischen mehr. Ein Fall ein Knall Herr Nietzsche ist das All.

»Wisse‹, antwortete der Gaul bedächtig, indem er sich auf allen Vieren ausspreizte und tiefsinnig in den Boden hineinsah, ›wisse, wer diese heiklige Frage zu beantworten, den Widerspruch zu lösen versteht, ohne den scheinbaren Gegensatz aufzuheben, der ist ein Meister hierzulande und arbeitet an der Identität selber mit.‹« Gottfried Keller, Der Grüne Heinrich, erste Fassung.

Pferd, das vom Kutscher gepeitscht und von Nietzsche umhalst wurde, Padautz! hätte Donald Duck geschrien, das Subjekt war zerschlagen, die Dinge kamen heran: Ihm, dem wahnheiteren Philosophen, war alles zum Phänomen geworden, sogar der Himmel, der Gaul war Gott, Gott ein Gaul. Auf der Postkarte an den besten Freund steht die Nachricht: »Torino, Ferrovia, 4. 1. 89. – 4 Uhr Morgens. Meinem maestro Pietro. Singe mir ein neues Lied: die Welt ist verklärt und alle Himmel freuen sich. Der Gekreuzigte.«

Die Umwertung war gelungen. Ein neues und zugleich uraltes Denken hatte ihn erfaßt, der Himmel war wieder da, das Gesonderte gemischt, die Ferne entfernt. Heimkehr nach Griechenland: »...im engsten Kreis hat Overbeck später auch angedeutet, wie sich ihm in Turin ein Blick bot, der die orgiastische Vorstellung der heiligen Raserei, wie sie der antiken Tragödie zugrund lag, auf grauenhafte Weise verkörperte.« (Peter Gast).

Der Punkt

Was ist unsere Lage? Wir sind Autos geworden, die sich nur in der Ebene bewegen, immer nach vorn, auf den Untergang zu, dem Ende entgegen. Kann ein Umdenken noch gelingen? Ich weiß es nicht, aber ich erlebe auf meinen Spaziergängen mit der Katze – und manchmal im Museum –, daß die von meinen Scheinwerfern ausgeleuchtete Welt, die Ebene, nur ein kleiner Teil der Wirklichkeit ist. Was geschieht, ich sagte es am Anfang, weiß ich nicht, aber meine körperliche Müdigkeit beweist mir, daß etwas geschieht. Durch den Punkt, den ich, der Katze folgend, berühre, kommt »Etwas« auf mich zu, offenbart sich – vielleicht – ein Vielleicht, nämlich die Ahnung, daß der Ort, den wir suchen, nicht in der Breite, sondern in der Weite liegt, in der Vertikale, irgendwo zwischen der Höhe und der Tiefe.

Auf einer Kugel, sagt Ernst Jünger, ist jeder Punkt Mittelpunkt. So etwas wie Mitte kann es folgedessen auf dem Planeten, in der Fläche, gar nicht geben, auf halbem Weg zwischen dem Punkt und dem All jedoch, zwischen dem Kleinod und dem Kosmos, könnten wir Menschen eine neue, eine uralte, eine natürliche Mitte finden. Kosmopoliten wohnen im Kosmos.

... wie die Katzen. Schwanz einziehen und ab.

Das Erwachen der Steine

»Der Philosoph, er weiß es nicht zu fassen, Da liegt der Stein, man muß ihn liegen lassen.« Goethe, Faust II.

Steine sind durch und durch Gegenwart, geschichtet seit je und für immer. Weder haben sie, wie die Pflanzen, einen Trieb, der sie werden läßt, noch kennen sie, wie wir, die Sehnsucht, zu sein und zu vergehen. Irgendwann sind sie entstanden, irgendwann werden sie verwittern, mit uns und unseren Massen jedoch haben ihre Perfekt- und Futurformen nichts gemein. Steine ruhen in sich selbst, und zwar so endgültig, daß alles, was sie dem Gesetz des Zerfalls unterstellt, von außen kommt – niemals, wie bei Pflanzen und Lebewesen, aus eigenen Adern oder Zellen. Unsere Geschichte, die *Action* meint, nicht Ablagerung, strömt und strudelt an den Steinen vorbei. Steine sind kein Gegenstand unseres Denkens, für unsere Sinne kein Rätsel: Steine sind Steine.

Es gibt einen Stein – und es gibt ihn in allen Kulturen, in jeder Weltgegend –, der gerade dem widerspricht. Dieser Stein hat ein Gesicht, er hat Geschichte.

Wie kommt er dazu? Durch die besondere Form oder eine auffällige Lage. Oder durch seine Fremdheit. Er ist mit dem Grund nicht verwachsen. Er war den Menschen vor die Füße gerollt. So entstand am Findling – dies sein Name – eine erste, große Frage. Welche Ober- oder Unterwelt hatte ihn ausgestoßen?

Zwei Antworten waren denkbar. Entweder hatte sich der Findling aus eigener Kraft bewegt. Dann war Gott ein Stein. Oder Gott hatte ihn, den unbeweglichen Brocken, ins Rollen gebracht. Dann war im Stein, ausgerechnet in dieser toten Materie, die Macht Gottes bezeugt. Gefährlich erschien den Menschen beides. Der Findling war zum Stein des Anstoßes geworden, zum »Probierstein«, wie Kant sagt, an dem sich »die Schädel blutig wetzten«.

Meine Überlegungen beziehen sich auf die Findlings-Forscher Eduard Gerber und Karl-Ludwig Schmalz.

Auch die *Naturwissenschaften* fanden im Findling ein Rätsel vor. Da lag, beispielsweise im Jura-Kalkstein, ein Granit. Kein Zweifel, dieser Stein hatte eine Fahrt hinter sich, er war fremd unter seinesgleichen. Folglich haben ihn die Geologen als *verirrt* qualifiziert, als erratischen Block. Die Frage, die sich mit dieser Irrfahrt verband, wog schwer. Was für eine Luft-, Wasser- oder Feuermacht hatte den Gneis in den Sandstein, den Schiefer unter den Schotter gebracht?

Der Stein in der Wüste

Als ich mit C. durch die Sahara fuhr, hatten wir im Meer des Schweigens eine lebensgefährliche Panne. Tagsüber zerflossen die Horizonte zu gewaltigen Wasser- oder Lichtmauern, und nachts, wenn die Sterne wie Fäuste aus der Finsternis herabstießen, auf unsere Hirne zielend, glaubten wir, genau im Mittelpunkt der Erde zu stehen, im Zenit einer gewölbten Scheibe. Es war das Schrecklichste, was mir je widerfuhr: In dieser Wüste gab es nur mich, nur C. und den defekten Renault R 4. Durst bedrohte uns und die Furcht, wir könnten von einem Tanklaster – sie hatten Öl geladen und durchzogen in schnurgerader Fahrt die Sahara – überrollt werden. Immer wieder war nah und fern ihr Dröhnen zu hören. U-Booten gleich kamen sie aus der Tiefe heraufgeschossen, wurden zu Jets, die flügellos vorüberdonnerten, um dann in einer Stille, die noch grausamer war, noch heiliger als zuvor, zu verschwinden. Zwar wirbelten sie kilometerlange Sandschleppen auf, aber nie hinterließ einer dieser Laster eine Spur, der Sand, dem Auge kaum sichtbar, trieb und floß dahin, alles löschend, alles vernichtend. Wüste. Nacht. Nichts. Und unser Auto; und wir; und dieses ewige Rieseln, unbarmherzig wie die Zeit. Am dritten Tag erkannten wir im Sonnenuntergang eine Erhebung. Es gelang uns, den Motor anzuwerfen und ohne Kupplung loszufahren. Die Erhebung, habe ich später gehört, ging auf einen Meteorstein zurück, der aus dem All herabgestürzt war. Die Sandflut hatte ihn nicht zerstört, aber tausendfach überdeckt, so daß im Lauf der Zeiten ein weithin wirkender Buckel entstanden war. An diesem Punkt orientierten sich die Karawanen und Wüstenfahrer. In seinem Umkreis stießen wir auf Tuaregs, und noch in der Nacht hielt am Fuß des Hügels ein Tanklaster an, der uns mit Ersatzteilen versorgen konnte. Der Stein hatte uns gerettet.

Der Stein des Weisen

Die Geschichte der Steine, vermute ich, hat *unter* ihnen begonnen. Die Wälder waren wild, die Tiere gefährlich, es tobten Feuersbrünste, es fluteten die Wasser und Nebel, nirgendwo gab es eine sichere Statt. Wohin mit den Toten? Unter den Steinen wurden sie bestattet. Hier waren sie vor Geiern und Blitzen, vor Fluten und Schändern geschützt. Dann schliffen die Überlebenden die Steinlöcher zu Schalen aus, füllten diese mit Tierblut, Fett und anderen Opfergaben, und im Rauch, der hell oder dunkel, steil oder schräg aus den Schalen quoll, versuchte der Priester zu erkennen, ob sein Volk dem höchsten Wesen gefiel oder nicht. So hat der Stein, unter dem die Toten lagen, den Menschen nach oben verwiesen, auf Gott.

Natürlich galten auch andere Steine als heilig. Die früh erkannte Tatsache jedoch, daß der Findling fremd auf seinem Grund lag, brachte die Menschen dazu, gerade ihn für etwas besonderes, ja göttliches zu halten. Zum einen, wie eben dargestellt, diente er als Orientierung zwischen Hades und Himmel, zum anderen wurden die Opferflammen zu Signal- und Leuchtfeuern. Auch steckten die Steine bestimmte Grenzen ab, heilige Orte, verbotene Bezirke, Ländereien und Siedlungen. Da der Verlauf solcher Grenzen in die Findlinge eingeritzt wurden, ebenso die Wege, entstanden die ersten Weiser und Karten. Dann begann man, im Geäder den Lauf der Sterne oder des Schicksals zu lesen, damit war der Stein zum Würfel geworden – er entschied über Leben und Tod. Und er war, zumindest in unserer Gegend, die erste Apotheke. In den Opferschalen kochten die Menschen Kräuter aus, sie zerstießen Körner, mischten Salben. Wer genas, schrieb die Wirkung dem Stein zu.

Dieser Überblick ist nicht vollständig. Aber er zeigt, daß der Stein im frühen Denken und Fühlen der Menschen einen festen Platz einnahm. Er hat die Gesellschaft geordnet und gerichtet, und zwar im geistigen Bereich (Grab und Gott), im sozialen (Priester, Arzt und Volk), und nicht minder im geographischen (als Signal-, Weg- und Grenzstein).

Das alte Testament war steingläubig. Moses, übrigens ein Findling, hatte dem Volk die zehn Gebote auf Steintafeln gezeigt. Aber dann kam Christus, und er kam im Zeichen des Holzes, von Anfang an. Joseph war

Zimmermann; das Kind lag in der Krippe; Jesus starb am Kreuz. So begann ein Krieg, der nach wie vor andauert: Kreuz gegen Opfertisch, Holz gegen *Stein.* Dieser Krieg sprengte zahllose Findlinge in Stücke. Oder sie wurden, wie der nächste Abschnitt zeigt, von der Kirche verschluckt.

Nicht zufällig erfuhr Nietzsche den Herabsturz des Denkens – und seinen Hineinsturz in dieses: also den Zusammensturz – an einem Stein, bei Surley, am Bergsee von Silvaplana. Auch er, der sich als Dynamit verstand, steht im großen Krieg Holz gegen Stein.

Jesus Sisyphos

Die vier Evangelien berichten es im Triumph: Als sie am »frühen Morgen kamen, fanden sie den Stein von der Gruft weggewälzt«. Christus war auferstanden, das Grab leer, das Kreuz, so schien es, hatte den ersten und entscheidenden Sieg über den Stein errungen. Irrtum. Diese Sätze leiten die erste Niederlage ein, die die junge Religion erleiden sollte. Der weggewälzte Stein, das leere Grab – nichts als Gerede! Dem Tod und seinen Riten kann keiner den Stachel ziehen, nicht Gott, nicht Sisyphos.

Ja, beide haben sie das gleiche versucht. Mit seiner Schlauheit, so die Sage, überlistete Sisyphos sogar den Tod. Die Strafe für seine Hybris ist furchtbar. Seither muß er einen Stein, der immer wieder hinunterrollt, den Hadeshang hochwälzen. Christus erging es ähnlich. Sein am Sabbatmorgen weggewälzter Grabstein rollt immer wieder an den Ausgangspunkt zurück. Unsere Toten, als hätte die Auferstehung nicht stattgefunden, wohnen nach wie vor unter dem Schutz der Steine.

Jesus-Sisyphos gab und gibt nicht auf. Immer wieder stemmt er sich gegen den Stein, versucht er, dem Kreuz den Boden zu bereiten. Ein Teilsieg ist der Sarg. Früher wurden die Leichen in Binden gewickelt, nun begraben wir die Toten in einem hölzernen Kleid. Aber dieses Holz hat in der Erde zu verschwinden, und hölzerne Kreuze sind auf den meisten Friedhöfen nur eine beschränkte Zeit, bis das Eisenkreuz geschmiedet oder der Grabstein gemeißelt ist, erlaubt. So stoßen auf den Friedhöfen, ja auf jedem Grab die beiden Welten aufeinander. Inmitten der marmornen Totenstädte erblühen wildschöne Oasen. Im Schatten der Grabsteine liegt ein kleiner, oft liebevoll gehegter Garten. Hier steht stumm die Steinwelt, hier liegt der Pflanzgrund für das Holz.

Eben kehre ich von einem Spaziergang zurück. Dabei habe ich zum ersten Mal bemerkt, daß die Wegkreuze unserer Gegend auf ein Fundament gestellt sind, auf einen steinernen Sockel. Die Botschaft ist klar. Das Holz, soll dem Wanderer suggeriert werden, hat den Stein besiegt. Das gleiche behaupten die Gipfelkreuze. Das Holz hat unsere Horizonte erobert. Wirklich? Ist gerade hier, in der Steinwelt der Alpen, das Kreuz der große Sieger?

Die Kirchenväter, etwa Hieronymus, und die frühen Konzile, speziell jene zu Arles, Toledo und Rouen, haben die »Steinanbeter« und »die Feueranmacher auf Steinen« heftig bekämpft. Aber die alten Kulte ließen sich nicht ausrotten, nicht mit dem Schwert, nicht mit dem Bann. Da beschloß der Klerus, den Stein in die Kirche hereinzuholen. Der Opfertisch wurde zum Altar; die Tag und Nacht leuchtende Signalflamme hieß nun Ewiges Licht; die Opferfeuer wurden zu Kerzen stilisiert, und was als Flußtaufe begonnen hatte, nahm man alsbald in den Stein zurück, in die altbewährte Opferschale – das ist das Taufbecken.

Es war ein gewaltiges Ringen, und selbstverständlich sind seine Spuren und Trümmer nicht auf das Innere von Kirchen beschränkt. Gerade bei uns, in den Alpentälern, begegnet man den beiden Kontrahenten auf Schritt und Tritt. Wo ein Punkt strategisch ist, eine Passage schwierig – das kann eine Klus sein, eine Brücke, ein Paß –, begegnen sich Teufelssteine und Kapellen, Bildstöcke und Felsenmalerei, und zahllose Sagen erzählen, wie der Kampf abging.

Ihr Muster ist stets dasselbe. Der arme, auf verlorenem Posto kämpfende Teufel will das Vordringen des Holz-Kreuzes in seine Steinwelt verhindern. Er greift, um die Holzbrücken und Stege zu zertrümmern, nach einem gewaltigen Brocken, schon will er werfen, aber siehe da, ein frommes Kind schlägt das Kreuzzeichen, ein tiefer gelegenes Kirchlein fängt zu bimmeln an, oder Gott selbst, indem er ein rauschendes Gewitter schickt (eine Art Großtaufe), spült dem Teufel den Stein aus der Kralle.

Alte Geschichten? Gerade an den Alpenpässen wird sichtbar, daß die große Schlacht noch immer im Gang ist. Auf der einen Seite steht die tiefe Sorge um die Bannwälder, auf der andern die Ingenieurskunst, die Betonbänder über die Schluchten spannt. Die Lager sind unversöhnlich. Es darf uns nicht wundern: Alle sind sie Glaubenskrieger, und jede Partei, freilich ohne es zu ahnen, steht in einer Tradition, die Jahrtausende übergreift. Die Waldleute kämpfen im Zeichen des Kreuzes, die Betonbauer vertreten die Steinwelt. So ist, vermutlich zum letzten Mal und in seine Ursprünge zurückführend, der alte Krieg noch einmal aufgeflammt. Das Kreuz will den vierspurigen Kulttischen den Sinn nehmen. Das Holz möchte stärker sein als der Stein.

Noch starrt das Land von fremden Zentnermassen«, sagt Mephisto, »Wer gibt Erklärung solcher Zaubermacht?«

Die Steinforscher standen vor einem gewaltigen Problem. Die erratischen Blöcke waren so schwer, daß es leichter fiel, sich den Teufel als »Transporteur« vorzustellen, denn die Naturkräfte zu entdecken, die die Gneis- und Granitbrocken quer durch den Alpenraum getragen hatten. Ein Beispiel mag zeigen, wie verzweifelt die Steinforscher gesucht haben.

1767 propagierte ein Moritz Anton Capeller, damals ein berühmter Geologe, die »Alpentrümmer«. Wo ein einzelner Fels auf der Wiese liege, so Capeller, sei früher ein ganzer Berg gewesen. Er habe sich aufgelöst. Nur *ein* Stein, der Gebirgskern, sei zurückgeblieben. Capellers Schriften sind ein schöner Aufstieg in den Wahnsinn. Zum Schluß glaubte er, das Dach der Welt erstiegen zu haben. Capeller stand mit gebreiteten Armen auf einem faßgroßen Findling, und das rundum weidende Braunvieh glotzte ihn an.

Wenige Jahrzehnte später, 1815, verbrachte Jean de Charpentier, ein gebürtiger Sachse, Direktor der Salinen zu Bex und Professor der Geologie an der Universität Lausanne, in der Hütte eines Gemsjägers im Vallée de Bagne eine kalte Nacht. Wie er später berichtet hat, sagte ihm der Jäger, ein einfacher Mann, die Alpengletscher hätten vor Jahr und Tag bis ins Tal hinuntergereicht, bis Martigny und darüber hinaus, denn riesige Blöcke würden dort unten liegen, zu schwer für jede Wasserkraft, nur der Gletscher, so der Jäger, habe sie tragen können.

War der Gletscher die Antwort auf die Frage des

Mephisto? Charpentier wurde zum Alpenwanderer. Er suchte Argumente und Beweise für eine neue Genesis. Die Welt, so seine Vermutung, war ursprünglich von Eismeeren bedeckt gewesen.

Eines Tages, es war im Sommer 1834, wanderte Charpentier über den Brünig. Als er sich über einen Granitblock beugte, kam ein Holzer daher, die Hände in die Hosentaschen gestopft, im Mundwinkel eine Pfeife. Solche Steine, bemerkte der Mann, gebe es zuhauf hier oben. Sie kämen von weit, vermutlich von der Grimsel. Charpentier sah auf. »Wissen Sie«, fragte der Steinforscher den Holzer, »wie der Granit gefahren ist?«

»Mit dem Gletscher«, sagte der Holzer.

1841 erschien Charpentiers »Essai sur les glaciers et sur le terrain erratique du bassin du Rhône«. Das Werk gilt als klassisch. Es weist nach, daß im sogenannten Diluvium, Jahrtausende vor unserer Zeitrechnung, weite Teile der Welt, insbesondere im Alpenraum, von Gletschern bedeckt gewesen waren. Damit stand das »Transportmittel« fest: Schmelzende Gletscherzungen hatten die erratischen Blöcke verteilt.

Eine Anmerkung. Obwohl Charpentier den Naturwissenschaften verpflichtet ist und seine Argumente auf Tabellen und Zahlen baut, unterläßt er es nicht, die Begegnung mit Gemsjäger und Holzer zu schildern. Der Steinforscher gibt zu, die Gletschertheorie von einem Gemsjäger erhalten zu haben. Dessen Kostüm kommt uns bekannt vor. Wer will mit Wams und Jägerhut von seinem Tierfuß ablenken? Der Teufel. Und nicht zufällig, meine ich, ist es ein Holzer, der dem Steinforscher die Beweiskette schließen hilft. So verweist uns gerade jener Mann, der das Rätsel der Steine löst, noch einmal in den Mythos, in den großen Krieg Holz gegen Stein.

Das Holztheater

Die Dramatiker Thomas Bernhard und Rolf Hochhuth waren Freunde. Eines Nachmittags, es war im Winter 90, fuhren sie miteinander im Intercity durch Deutschland, und seis, daß das Zusammentreffen dieser beiden Theatertitanen die Atmosphäre durcheinanderstrudelte, seis, daß ein Tief über Skandinavien der Auslöser war – ein Jahrhundertsturm brauste Deiche zerschellend, dächerablösend, kirchturmknickend über Deutschland hinweg. Auch Bernhard und Hochhuth, in ihrem Coupé Erster Klasse über den Burgtheaterintendanten Peymann redend, blickten schließlich aus dem Fenster. Der Himmel war schwarz wie ein Meer, losgerissene Wirtshausschilder, Kübelpalmen und Regenschirme trudelten in der Luft, die Signalmasten schwankten, die Fahrleitungen auch, das Ende der Welt schien nah. Hochhuth, an wilde Bühnenstürme gewöhnt, meinte unberührt: »Bernhard, es scheint zu stürmen«, und der, seinen Lodenmantel über die Schulter legend, nickte bestätigend: »A Wetter.«

Sie redeten wieder über Peymann, vor allem über Peymanns Frauen, und noch eine gute Stunde fuhr der Zug, mit seinem Signalhorn tutend, im Schrittempo weiter. Dann, plötzlich: Schreie, Bremsen, der Zug stand still. Mitten im Wald. Es könnte sich, meinte Hochhuth, um den Teutoburger handeln, und Bernhard, nachdem er unter dem heruntergeplumpsten Gepäck seinen Tirolerhut hervorgezogen hatte, war überzeugt, die

Lok sei in fallende Bäume gefahren und aus den Schienen gestolpert. Ringsumher ein Tosen, Prasseln, Knattern, aber nein, das war kein Brand, der Wind wars, der Sturm: Mit einem explodierenden Krachen drehte er Stämme aus den Wurzeln und warf sie splitternd um.

»Aber das ist ja großartig«, rief Bernhard plötzlich, »was für ein gewaltiges Holzfällen!« Hochhuth runzelte die Stirn. War Bernhard wahnsinnig geworden? Tatsächlich, jetzt lüpfte er tanzend sein grünes Hütlein und sang dazu ein Lied auf den Wirbelwind, der Millionen von Bäumen fälle und den Holzpreis ins Bodenlose sinken lasse. Dann, auf einmal sehr ernst, hielt er beide Hände um Hochhuths Schultern, sah dem Verdutzten tief in die Augen, und: »Lieber Freund«, sagte Thomas Bernhard, »wir werden ein Holztheater errichten.«

»Ein Holztheater?«

»Ja, Hochhuth, wir nutzen den kaputten Markt, kaufen billigst ein und bauen mit dem Sturmholz dieses Jahrhundertsturms ein Holztheater.«

»Lieber Bernhard«, hob Hochhuth an, »Ihnen ist gewiß bekannt, daß in den meisten Theaterhäusern nicht einmal die Bühne aus Holz besteht – feuerpolizeiliche Vorschrift! Im Burgtheater zum Beispiel, das mich übrigens viel zu selten spielt, darf beim Bühnen- und Kulissenbau kein einziges Stück Holz verwendet werden.«

»Richtig!« versuchte Bernhard den Kollegen zu unterbrechen, was aber gar nicht so einfach war, denn Hochhuth hatte mit einer präzisen Schilderung des Ringtheaterbrandes begonnen, nannte Zahlen, Daten, Umstände, so daß Bernhard, damit der Dialog unter Hochhuths Anmerkung nicht vollständig zusammenbrach, sein »Richtig« mehrmals rufen mußte, »richtig, Hochhuth, alles Plastic.«

»Eben«, setzte Hochhuth wieder ein, »seit jenem berühmten Brand ist das Holz aus dem Burgtheater vollständig, aus den meisten anderen Theatern nahezu vollständig –«

»Verbannt«, fuhr ihm Bernhard dazwischen, »jawohl, das Holz ist aus dem Theater verbannt!«, und Hochhuth, scharf wie sein Pater Riccardo im Stellvertreter: »Und da wollen Sie gegen alle Feuerwehrvorschriften der Welt ein Holztheater errichten?«

»Jawohl, Hochhuth. Alles aus Holz! Holz das gesamte Haus, Foyer, Garderoben, Bühne, Bühnenturm, Kulissen – Holz, nichts als Holz.«

»Und wenn es brennt, Ihr Holztheater?«

»Dann brennts!« rief Bernhard, seine Augen glühten, auch die Wangen, »und das ist gut so, Hochhuth. Wahre Kunst ist Scheiterhaufenkunst!«

»Donnerwetter!« machte Hochhuth. Er sah auf einmal eine domgroße Blockhütte vor sich, ein aus Wäldern gezimmertes, jede Feuerwehrregel und sämtliche Versicherungsparagraphen verhöhnendes, einzig und allein der Bretterkunst geweihtes Holzbayreuth, und miteins hatte auch bei ihm der Funke gezündet, er war Feuer und Flamme für das Holztheater.

Die beiden Dramatiker schüttelten sich ergriffen die Hände.

Bernhard sagte: »Bauen wir den Haufen, auf dem wir scheitern.«

»Stiften wir die Bühnen für unsere Brände!« ergänzte Hochhuth, und schon, durch die Waggons sich kämpfend, über Koffer und Menschen steigend, war er unterwegs nach vorn, zur Lok, um einer baß erstaunten Bahnmeisterei über Funktelephon mitzuteilen, er, Hochhuth, und sein Kollege Bernhard hätten den großen Sturm zum Anlaß genommen, um das Erste Deutsche Holztheater zu gründen.

»Wie bitte?« entfuhr es dem entnervten Bahnmeister, um den herum gerade das gesamte Intercity-Netz am Kollabieren war, »*was* haben Sie gegründet?«

Und Rolf Hochhuth, im Führerstand der Lok, den Blick stramm geradeaus und also in den flachgelegten Teutoburger Wald gerichtet, rief mit jubelnder Tenorstimme ins Funktelephon: »Hier Hochhuth. Mitteilung an die Welt. Durch Holz zum Feuer. Nur Brunst ist Kunst. Roger. Over.«

Der Wegweiser

Nach links? nach rechts? nach rechts? nach links? Ich fuhr auf die Wegscheide zu, unentschieden, ob ich nach links will oder nach rechts, nein: nach links, nein: nach rechts, zu spät, ein Knistern, ein Knall, und der Wegweiser, als ich die Augen vorsichtig wieder öffne, hängt wie eine sinkende Standarte aus der V-Spitze eines *M*. Ein Witz, aber wahr: Ich bin, anstatt nach links oder rechts abzubiegen, auf meiner Spur geblieben und frontal gegen den Wegweiser gekracht. Vorbeifahrende Autofahrer winken mir fröhlich zu, ich lache zurück, auch mir ist die Komik meiner sichtbar gewordenen Entscheidungsunfähigkeit bewußt.

Seit Tagen und Wochen hatte ich an einem Stück geschrieben, das noch in dieser Saison am Zürcher Schauspielhaus gezeigt werden sollte. Die Zeit drängte, und die Frage: kommt die Eile der Arbeit zugute oder schadet sie ihr? stellte sich mit jeder Stunde deutlicher. Ich schwankte zwischen Mut und Unlust, zwischen: Ha, das schaff ich schon! und: Je, das wird nix. Abends fühlte ich mich als Weltmeister, morgens als Anfänger, Schwieriges gelang, Simples mißriet, ich war fleißig, *zu* fleißig, kein Kino, kein Bier, da rief, vorige Woche wars, die Buchhandlung an, ein bestelltes Buch ist da, ich fuhr ins Dorf, fuhr zurück, und erst jetzt, eine knappe Fahrminute von zuhause, lockt die Gastwirtschaft (nach links), obwohl ich doch schreiben will (nach rechts), nach rechts, nach links, es knallt.

Die Standarte (der Wegweiser) steht wie ein Sporn aus der Kühlerhaube. Derrida: »Der Sporn, im Fränkischen oder Althochdeutschen sporo, *im Gälischen* spor, *heißt im Englischen* spur. *(…) Es ist keine faszinierende Homonymie, vielmehr, von einer Sprache zur andern, das Werk einer historischen und semantischen Notwendigkeit: englisch* spur, *der Sporn, ist das »gleiche Wort« wie deutsch* Spur: trace, sillage, indice, marque *(Fährte, Schiffsspur, Indiz, Mal.) Der spornende Stil (us), der lange, längliche*

Gegenstand (...) ist auch, vergessen wir es nicht, der Regenschirm.« Jacques Derrida, SPOREN – die Stile Nietzsches.

Auf Hilfe wartend hatte ich Zeit, in der Panne jene Lebens- und Schreiblage zu erkennen, in die ich geraten war. »So«, sprach der Wegweiser zu mir – und er sprach geknickt –, »können wir nicht weiterfahren. Nimm bitte zur Kenntnis, wo du stehst. Überdenke dein Tun.«

Kein Witz, eine wichtige Botschaft: Einerseits wollte ich das Stück fertigschreiben, andererseits wollte ich es reifenlassen, nein: fertigschreiben, nein: reifenlassen, und so, wie gesagt, kanns nicht weitergehen, so kommts zum Crash.

Was ist passiert? Ich bin, am Steuer des Autos, der Autor einer Botschaft, die ich mir selber vor den Kopf knallen will. Wer nicht hören will, muß fühlen. Wer sich selbst nicht lesen kann, muß zum *Text* werden.

War dies der wahre Text? An der Oberfläche, ja, mag sein. Aber die Tiefe meinte etwas anderes. Du suchst die Spur, die nach oben führt, meinte sie. Du möchtest die Horizontale verlassen, schrie sie mir zu. Weg mit dem Auto! Aussteigen! Schirm zücken! Auffahren! Derrida: »Der Sporn ist die Spur.« Ab in die Vertikale! (Zu der Zeit jedoch, da ich in den Wegweiser krachte und darüber schrieb, wußte ich dies leider noch nicht. Eine Woche nach dem Crash war das Stück plötzlich fertig. Der letzte

Oft ist dies ein schmerzlicher Vorgang, und nicht immer ist es uns vergönnt, durch einen harmlosen Blechschaden klug zu werden. So kann, zum Beispiel, ein jukkender Ausschlag sagen wollen: »Schlag aus! Juck aus deiner Haut!«, aber der Text, der auf der Haut brennt, ist den andern oft einsichtiger als einem selbst. Eine schwierige Lektüre! Die Haut schlägt aus, wir jedoch, zugleich Autor und Leser, Täter und Opfer, müssen zu erkennen versuchen, wohin und worauf dieser Schlag gezielt ist.

Vielleicht hilft uns die eigene Hand weiter. Dauernd läßt sie etwas fallen, stößt sie etwas um, Vasen und Schüsseln, was mag es nur bedeuten, was beschreibt diese Hand, worauf verweist sie, etwa auf die Scherben, die das Glück bringen?

Wir wissen es nicht, immer noch nicht, aber der Text, der unser Leben ist, unsere Bio-Graphie, hat noch viele Schreibmittel, auch die Füße, auch die Beine beschreiben stets und ständig Figuren, die wir entschlüsseln können – jeder Tritt ist ein Buchstabe, jeder Fehltritt ein Kapitel. Wir springen, vom Seitensprung träumend, von einer Straßenseite zur andern, wir stolpern, wörtlich und im übertragenen Sinn, über die eigenen Füße, und natürlich enthalten verstauchte Knöchel, gerissene Bänder oder gebrochene Beine Nachrichten, die aus dem Innersten der Seele nach außen kommen wollen.

PS: Ich schrieb diese Notiz im Schnellzug zwischen Bern und Lausanne. Die Schöne, die schräg gegenübersaß, klappte immer wieder ihr Puderdöschen auf und tupfte sich etwas Rouge auf die Wangen. Das Signal war klar. Die Schöne sehnte sich nach dem Hauch eines Abenteuers, erröten wollte sie, allerdings nur leicht, unter die Haut soll es nicht gehen, was für eine Verlockung, was für eine Aussicht, Bäume huschten vorbei, Häuser und Felder, milchig das Winterlicht, aber ach, die Herren ringsum waren alle in ihre Akten oder die Zeitung vertieft, und ich, anstatt meinen Körper sprechen zu lassen, zog es vor, über die Sprache zu sprechen, die der Körper spricht.

PS 2: Der Werkhof Einsiedeln bedankte sich umgehend für die Schadensmeldung, legte die Rechnung bei und schloß sein Schreiben mit einem wunderbaren Satz: »Der neue Wegweiser wird im Frühling gesetzt.«

Gast. *Es erzählt, wie Fredi Frunz, ein erfolgloser Schirmfabrikant, im Bahnhofsbüffet Buchs dem einst am Burgtheater und in Hollywood erfolgreichen Schauspieler Oskar Werner begegnet. Oskar Werner trinkt Fernet Branca. Frunz verliebt sich in Milly, die Serviertochter. Die aber liebt Werner [der Fernet trinkt]. Vorhang.)*

Neutralien

8. Mai 1945.
In Europa schweigen die Waffen, der Krieg ist aus. Die Kirchen, die noch stehen, läuten den Frieden ein, und in der Schweiz, die, zumindest äußerlich, von der großen Zerstörung verschont blieb, sieht sich die Regierung mit einer heiklen Frage konfrontiert: Darf auch unser Land die Glocken läuten lassen? Der Schweizer Bundesrat braucht volle 48 Stunden, um diese Frage zu klären und gibt schließlich in einem kleinlauten Communiqué bekannt, »die Schweiz werde in ihrer Weise mitfeiern.«

Die Schweiz feiert »in ihrer Weise« den Frieden, »in ihrer Weise« hat sie den Krieg überstanden, und natürlich hat diese »Weise« einen Namen: Neutralität. Man war darauf bedacht, mit den potentiellen Feinden gut Freund zu sein; man ließ die Züge der Achsenmächte passieren, erledigte für das Reich die internationalen *Bankgeschäfte* und benutzte sogar die Armee dazu, dem gefährlichen Nachbarn die nötige Reverenz zu erweisen. Nach dem Zusammenbruch Frankreichs wurden zwei Drittel der Schweizer Armee demobilisiert. Das kam einer Kapitulation gleich, aber das Wort wurde niemals ausgesprochen, die Grenzen blieben besetzt, und so streiten sich die Geister noch heute, ob unsere Politiker und Militärs besonders klug oder besonders ängstlich gehandelt haben.

In meinem Stück Der Gesandte *sagt der Botschafter der Schweiz im Außenministerium des Dritten Reiches: »Meine Herren, die eigene Bank überfällt man nicht.«*

Neutralien hatte den »Grundglauben an die Gegensätzlichkeit der Werte« (Nietzsche) niemals für richtig befunden, operierte im Nebel des Niemandslandes und gab seine Werte je nach Front- und Devisenlage auf. Nur so, meinte man, ließe sich der Staat über die Zeiten retten. Bis zu einem gewissen Grad dürfte dies gelungen sein. Am 8. Mai 1945 hatte das Land Türme und Glocken genug, um das Ende des Krieges, den es nie geführt hatte, an der Seite der Sieger »auf seine Weise« mitzufeiern. Der Preis war allerdings hoch. Wer sich und seine Werte meistbietend verkauft, verliert seine Seele.

22. November 1990.
Vor Václav Havel und der Schweizer Polit- und Geldprominenz hält Friedrich *Dürrenmatt* eine Rede, in der er die Schweiz mit einem Gefängnis gleichsetzt: *»Weil alles außerhalb des Gefängnisses übereinander herfiel und weil sie nur im Gefängnis sicher sind, nicht überfallen zu werden, fühlen sich die Schweizer frei, freier als andere Menschen, frei als Gefangene im Gefängnis ihrer Neutralität.«*

Nach dieser Rede lud Achim Benning, Direktor des Zürcher Schauspielhauses, Václav Havel, Dürrenmatt sowie viele Autoren und Theaterleute auf die Kellerbühne des Schauspielhauses ein, zu einem mitternächtlichen Treffen. Ein Abschiedsfest. Kurz danach ist Dürrenmatt gestorben – und ich nahm mir nicht mehr übel, daß ich mich in jener Nacht an Dürrenmatts vollen Tisch gedrängt hatte. »Hockid ab«, sagte er. Sein Werk steht in meinem Bücher- und Lebensgestell. Das hätte ich ihm gern gesagt. Statt

Zum einen, denke ich, hat Dürrenmatt recht, zum andern nicht. Bin ich, um es an einem Beispiel zu erklären, in Berlin, wo der eine, große Teil der Deutschen seit einigen Monaten tagtäglich bemüht ist, jeden Ausländer zum Freund und jede Straße zum Aufmarschgebiet für eine Friedens- oder Lichterkette zu erklären, empfinde ich meine Neutralität nicht als Gefängnis, im Gegenteil, sie macht mich frei, zwischen den Extremen *meine* Meinung zu finden. Weder käme ich je auf die Idee, das Taxi mit der Aufschrift »Mein Freund ist Ausländer« zu bekleben, noch wäre ich imstande, unter Tränen auf der Straße zu stehen und gemeinsam mit der Frau Nachbarin »We shall overcome« in den gasigen Nachthimmel zu jubeln.

... und kehre ich in die Schweiz zurück, wird mir die

eigene Haltung (Haltung?) sofort zum Ekel. Hier, als Lauer unter lauter Lauen, erfahre ich das gutschweizerische Abwägen nicht mehr als Qualität, nein, da erscheint mir das Vermeiden von Standpunkten, das Verwischen von Gegensätzen als eine perfekt funktionierende Demokratie-Maschine. Trostlos dümpelt das politische Tagesgeschäft vor sich hin, kaum ein Politiker hat eine Meinung – noch schlimmer: die meisten haben nicht einmal keine! –, und schon neige ich dazu, Dürrenmatt recht zu geben. Ja, diese Schweiz droht ein Land ohne Eigenschaften zu werden, *»ein Gefängnis ihrer Neutralität«.*

6. Juni 1993
Wie wurden wir, was wir sind? Ich bilde mir nicht ein, die Antwort zu kennen, vermute jedoch, daß gerade die stark ausgeprägten Besonderheiten, die verschiedenen Kräfte und Vektoren, die innerhalb unserer Grenze wirksam sind, zu ihrer Neutralisierung geführt haben.

Wir sprechen verschiedene Sprachen, leben in verschiedenen Kulturen und glauben an einen Gott, der, hier katholisch, dort protestantisch angerufen, noch vor hundertfünfzig Jahren Anlaß zu wüsten Kriegereien war. Auch uns, um es mit einem aktuellen Beispiel zu sagen, drohte über Jahrhunderte das jugoslawische Schicksal, die einzelnen Teile wollten sich immer wieder abspalten, und vielleicht geschah das nur deshalb nicht, weil Napoleon 1798 die alte Schweiz erobert, neu geordnet und geeint hat. Also kam es nicht zur Sprengung, sondern zu einem Bund von Partnern, die sich gegenseitig versichern mußten, ihr je Besonderes unter den Scheffel zu stellen. Übersiehst du meine Eigenschaften, übersehe ich deine. Ein schönes Prinzip, gewiß, doch funktioniert es nur dann, wenn sich alle möglichst be-

dessen hörte ich zu, stumm und verdattert, wie er über Kant sprach. Kant, so Dürrenmatt (nach Hegel), sei in Königsberg und in seiner Philosophie »hockengeblieben«. Wie in einem Gefängnis? Ja, wie in einem Gefängnis. Dürrenmatt ging es ähnlich. In Neuenburg und im System seiner Dramaturgie blieb er hocken, dieser große, behäbige Bühnen-Kant, und so dürfen wir seine Abschieds-Rede an die Schweiz vielleicht auch anders lesen: als Selbstporträt.

scheiden geben, mittelmäßig und langweilig. So wurden wir Weltmeister des Mittelmasses, Hochkünstler des Durchschnitts, und nicht ganz zufällig, vermute ich, wurde hierzulande die Schizophrenie entdeckt, in der Anstalt Burghölzli in Zürich. Wer sich zum Stillhalten verdammt und ins Gefängnis setzt, träumt notgezwungen vom Leben, von Größe, Geltung und Ausbruch.

Sonntag, der Himmel ist blau, das Land grün, ich sitze im Garten und weiß, daß die Welt an allen Enden blutet und brennt. Ist unsere Neutralität noch zeitgemäß? Oder längst zum Verschweigen von Verbrechen, also selbst zu einem Verbrechen geworden?

31. Dezember 1996

Die vergangenen drei Monate verbrachte ich in den USA. In den ersten Wochen meines Aufenthalts muß ich hie und da erklären, daß die Schweiz ein eigener Staat ist. Als ich die USA verließ, wußte jedes Kind, daß wir das kleine Land der großen, bösen Banken sind.

Seit wenigen Tagen bin ich wieder in der Schweiz, und ich werde, Zeitungen lesend und Radio hörend, den Eindruck nicht los, als würde jene Gespensterdebatte um das Friedensläuten nach wie vor geführt. Wir sehen uns mit den Schatten- und Geldseiten unserer Geschichte konfrontiert – und was geschieht? Wir fragen uns stimmenreich, was opportun sei, was nicht. Mich erschreckt, daß in diesen Diskussionen jene Lauheit, die ich an mir selber diagnostiziert habe, zur Haltung wird, nämlich zur bornierten Hartherzigkeit. Neutralien denunziert sich als eine Firma, die, mit den Forderungen der Opfer konfrontiert, ihre Abschreibungen möglichst tief halten will.

Unsere Neutralität – das zeigt sich mit zunehmender

Deutlichkeit – war ein Tarnnetz über schmutzigen Geld- und Waffengeschäften. Also war sie gerade das nicht, was das Wort behauptet: neutral. Damit verlieren aber auch wir, die lauen Neutralier, ganz von selbst unsere Unschuld. Wir waren kein Zwischenreich, kein Niemandsland. Auch wir haben Politik und Geld und Geschichte gemacht, und wer das zu leugnen versucht, ist nicht etwa neutral, im Gegenteil, er hat Stellung bezogen. Er macht sich stark für eine Lüge. Er verrät sein Vaterland.

Heimito von Doderer läßt einen Roman mit dem Satz beginnen, jeder bekomme »seine Kindheit über den Kopf gestülpt wie einen Eimer«. Für die Geschichte des eigenen Landes gilt das gleiche. Sie wurde uns über den Kopf gestülpt, und es wird allerhöchste Zeit, daß wir in den Spiegel schauen und den Eimer sehen und vor allem auch das, was daraus hervorsickert und uns über das Gesicht und auf die Weste tropft.

Da hört die Neutralität auf. Da geht es um eine einfache Frage: Wie verhalten wir uns zum Leid und zu den Toten, die Neutraliens Politik gekostet hat.

Geborene Verteidiger

Napoleons »Grande Armée« schleppte sich geschlagen durch den russischen Winter. Die Füsiliere hatten ihre Füße mit Lappen umwickelt, im Tiefschnee versanken die Wagen, am Hunger krepierten die Pferde. Als aus der Unendlichkeit Rußlands mit jaulenden Eis-Winden auch noch die Kosaken kamen, wurde der Rückzug zur Flucht.

Am 26. November 1812 erreichte Napoleon die Beresina. Er stellte ein Schweizer Regiment als »Arrière-Garde« in seinen Rücken und versuchte nun, die Reste seiner Truppe über den Fluß zu setzen. Die Schweizer formierten sich im Karree, wie auf dem Exerzierplatz, und blieben zwei Tage und zwei Nächte vor den anstürmenden Russen stehen. Am Abend des 28. November war Napoleon der Übergang gelungen. »Messieurs«, sagte er zu seinen Marschällen, »greifen Sie mit Schweizern niemals an – sie sind geborene Verteidiger.«

Die geborenen Verteidiger lagen tot vor der Brücke. Ein Lied erinnert an sie, eine traurig schöne Melodie: »Unser Leben gleicht der Reise / Eines Wandrers in der Nacht«.

Nationen, sagt Elias Canetti, haben sogenannte »Massensymbole«. Sie ergeben sich aus der Geographie und der Geschichte des Landes – bei den Deutschen, zum Beispiel, sei das Massensymbol der Wald. Canetti schrieb dies in den vierziger Jahren. Er deutete das Heer als den »marschierenden Wald« und behauptete, in keinem andern Land der Welt sei das »Waldgefühl« so lebendig geblieben wie in Deutschland. Wo wurde das »Waldsterben« zum Thema? Welche Nation schlug Alarm? Gewiß, auch wir machen uns Sorgen, der große Aufschrei jedoch ist in Deutschland erfolgt, in jener Nation, die den Wald, wie Canetti meint, in ihren Liedern und Mythen besingt und beschwört.

Hat auch die Schweiz ein Massensymbol?

»Die Vielzahl der Sprachen, die Vielfalt der Kantone, der Gegensatz der Religionen – nichts«, schreibt Canetti, »vermag dem nationalen Selbstbewußtsein der Schweizer ernsthaft Abbruch zu tun. Allerdings haben sie ein Massensymbol gemein, das ihnen allen jederzeit vor Augen steht und unerschütterlich ist wie das keines anderen Volkes: die Berge. Ihre Schwerzugänglichkeit wie ihre Härte flößen dem Schweizer Sicherheit ein.«

Wie genau der Dichter ins Schwarze unserer Seele trifft, beweist die jüngste Geschichte. General Guisan gab das gesamte Mittelland preis und zog die Armee, um mit Canetti zu reden, ins Innere des Massensymbols zurück, ins Réduit. Ähnlich arbeiten die Bankiers in der Zürcher Bahnhofstraße. Sie haben den Berg in sein Gegenteil verkehrt – unter den Banken führen Lifte zu tief liegenden Gipfeln hinab, zu Festungen und Tresoren. Dort, in der lichtlosen Tiefe, hat das Kapital sein Réduit. Und in jedem Städtchen ist das Parkhaus nicht nur ein Parkhaus, sondern ein Schutzraum, und meine paar Flaschen Wein sind in einem Keller gelagert, dessen Luke sich kriegsmäßig verriegeln läßt. Ja, weiß Gott oder der Teufel!, Bergler sind wir, Bewohner von Höhlen, geborene Verteidiger. Das ist unsere Größe und unsere Beschränktheit. Das ist unser Leben und manchmal, wie an der Beresina, unser Tod.

Ein Massensymbol läßt sich nicht wegradieren, die Geschichte können wir nicht umschreiben – wir sind, was wir geworden sind. Aber unser Land täte gut daran, seine Bergler- und Höhlenmentalität nicht nur als Erlaubnis zum Einschlafen, sondern genauso als Verpflichtung zum Träumen zu begreifen. Wer nein sagt zum Blauhelm, der hätte beispielsweise ja sagen können zu einer Rotkreuz-Schweiz, die sich im internationalen Konfliktfall als landesgroßes Spital zur Verfügung stellt. Mit anderen Worten: Behalten wir unsere *Marotten*. Stehen wir zu unserer Höhlenliebe. Aber sorgen wir endlich dafür, daß diese Liebe nicht nur uns selbst, sondern auch andern zugute kommt.

Nach einem Besuch in der Collection de l'Art Brut in Lausanne sagte Heiner Müller: »Die Schweiz hat die besten Verrückten.«

Die Ablehnung des Kulturartikels ist eine Dummheit, damit läßt sich leben. Aber das Nein zur erleichterten Einbürgerung junger Ausländer ist dumm und herzlos zugleich. Mir tut es weh, daß einige meiner Freunde, die so denken wie ich, so reden und so fühlen, den Paß nicht erhalten sollen. Um im Bild zu bleiben: Mit ihnen hocke ich lieber im Tresor als mit den meisten, die den Paß besitzen.

Herr Freihafen aus Heidiland

Wie war das Wort, Messieurs – Freiheit? Zeugt es von Freiheit, der elfjährigen, am Zürichsee lebenden Fatma M. das Schwimmen zu verbieten?

Eins nach dem andern. Zuerst die Meldung, dann eine Geschichte.

»Lausanne. Das Bundesgericht hat am Freitag einen Entscheid des Zürcher Regierungsrates korrigiert und ein muslimisches Mädchen vom Schulschwimmen dispensiert. Der strenggläubige Vater des Mädchens hatte aus moralischen Gründen darum ersucht, daß seine Tochter vom Schulschwimmen befreit werde, um nicht mit den Geboten des Korans in Konflikt zu kommen. Alle Zürcher Instanzen, zuletzt der Regierungsrat, lehnten das Gesuch ab. Das Bundesgericht befand dagegen einstimmig, daß in diesem konkreten Fall die religiöse *Freiheit* vorgehe, auch wenn diese Gebote nur von einer Minderheit der Musliminnen so streng eingehalten werden.«

»Freiheit«, stutzte ich beim Lesen. Was, bitte sehr, sollen wir unter einer Freiheit verstehen, die dazu herhalten muß, ein *Verbot* zu begründen? Die Geschichte:

1974 kam ich nach Berlin-Kreuzberg und zog in eine Mietskaserne ein, die etwa zu gleichen Teilen von Witwen – ihre Männer waren in Krieg oder Gefangenschaft umgekommen –, von türkischen Familien und studierender Jugend bewohnt wurde. Eine wilde, konfliktträchtige Mischung. Die Alten hatten in lang vergangenen Bombennächten behelmt und führergläubig auf dem Dach gestanden, um ihre Lübbener 1 gegen Brände zu verteidigen. Sie reinigten ihre Briefkästen, in die nie ein Brief gesteckt wurde, mit einer scharf riechenden Tinktur, wischten Hinterhof und Treppenhaus und hatten mit uns jüngeren Leuten, vor allem mit den roten WG-Frauen, ihre liebe Mühe.

Ich teilte meine Außentoilette mit türkischen Familien. Ich kam aus der Schweiz, also aus dem Land, das der Menschheit Closomat, Ochsnerkübel und, so behaupten jedenfalls die Berliner, das »Verhüterli« geschenkt hat, und meine Nachbarn kamen aus dem tiefsten Anatolien. Es dauerte nicht lang, bis wir aufeinanderprallten. Ich schwang einen Toilettenbesen, und der Herr Nachbar, nachdem er eine verängstigte Frauenschar ins Nebenzimmer gescheucht und dessen Tür verriegelt hatte, lud mich mit stummer Würde zu einem Glas Tee ein.

Plötzlich spürte ich am Schienbein ein Kitzeln. Das war die Kleinste, die sich unter dem Küchentisch versteckt hatte – ich konnte sie nicht sehen, nur ihr Fingerchen spüren, ihr Kitzeln, das mich zum Grinsen brachte, jetzt lächelte auch der Türke, wir ergriffen das Glas und tranken auf gute Nachbarschaft.

Die Kleine hieß Nihal. Da sie tagsüber allein war – ihre Eltern arbeiteten, die Brüder streunten durch den Kiez –, liebte sie es, vor allem im Winter, in den zwei Zimmern meiner Wohnung mit ihrer Puppe oder meinen Bleistiften zu spielen. Hin und wieder zeigten wir auf ein Ding, beispielsweise auf einen Apfel, ich sagte das deutsche Wort, Nihal das türkische, und so erfuhr ich im Lauf der Zeit, daß ich »Freihafen« heiße. »Hürr« heißt auf türkisch frei, »Lyman« Hafen. Während des zweiten Winters unserer Bekanntschaft lief im Fernsehen

»Heidi«, und nun wurde ich dank Nihal zu einer Berühmtheit. Nach jeder Sendung führte sie eine Schar von Kindern in meine Wohnung. »Hürr-Lyman«, erklärte Nihal wie eine Fremdenführerin, »aus Heidi-Land«.

Sie zupfte an meinem Ärmel, und ich, der über Kants »Kritik der reinen Vernunft« hockte, drehte mich möglichst langsam und schwerfällig nach den Kindern um. Die bestaunten aus ehrfürchtiger Distanz den Alpenschrat, dann entfernten sie sich, im Treppenhaus ihre Kommentare murmelnd wie das Publikum nach einer Theaterpremiere.

Am Probierstein von Kants Denken hatte ich mir den Schädel blutig gewetzt. Mein Studium war gescheitert, nun lag ich tagsüber auf der Matratze, las Krimis und Musils »Mann ohne Eigenschaften«, und an meinem Schreibtisch saß Nihal und machte ihre ersten Schulaufgaben.

Die Jahre gingen ins Land. Oft besuchte mich mein Bruder. Er hatte Krebs, war krank auf den Tod, nur noch selten verließen wir die Wohnung, aber immer hatten wir zu essen – Nihals Mutter, ohne daß ich sie darum gebeten hätte, kochte und sorgte für uns. Eines Nachts – mein Bruder schrie vor Schmerzen – wußte ich keinen Rat mehr, stürzte aus der Tür, weinend vor Verzweiflung, verwirrt, verstört, und was geschieht? Nihals Mutter nimmt mich in den Arm. Trotz eisiger Nacht hatte sie vor meiner Tür gesessen. Sie war da. Sie wachte. Ich kam wieder zu mir und erfüllte meine Pflicht.

Die Jahre gingen ins Land. Oma Lorentzen, die letzte Kriegerwitwe der Lübbener 1, war gestorben, ihr Briefkasten verlor seinen Glanz, oben im Estrich legte sich ein Schleier aus Spinnfäden und Staub über Sandsäcke, Löscheimer und ihren verbeulten Helm.

Aber nach wie vor galt in unserem Haus die Toilettenordnung, die ich, zur großen Freude von Oma Lorentzen, in sieben Sätzen abgefaßt und an die Innenseite der Klotür gepinnt hatte. Sie wurde später vom Quartierverein übersetzt, in großer Zahl verbreitet und dürfte noch heute in einigen Kabausen der südöstlichen Quartiere hängen, in trüben Kneipen und uralten WGs – es ist mein wirkungsvollster Text.

Nihal sah ich nur noch selten. Sie hatte die Schulen mit Bravour absolviert, ihr Deutsch war berlinisch eingefärbt, und wenn sie mit ihren Büchern unterm Arm durchs Treppenhaus hüpfte, »hallo Hürr-Lyman, biste jut druff?«, ließ ich immer öfter ein alpenländisches Gebrumm hören, ich wollte schreiben und konnte es nicht, hatte im Bart die ersten grauen Haare, der Bauch wurde zur Wampe, der Suff zur Sucht, nachts blutete das Herz und morgens das Zahnfleisch.

Eines Tages ging Nihals Mutter mit gesenktem Kopf an mir vorbei. Hatte ich vergessen, sie zu grüßen? Bei der nächsten Begegnung gab ich mir alle Mühe, den Gruß höflich und fröhlich zu entbieten, und was geschieht? – mit gesenktem Kopf schlüsselt die Frau ihre Wohnung auf, drückt sich hinein, verschwindet.

Es ging Schlag auf Schlag.

Erst wurde auf dem stillgelegten Gelände des Görlitzer Bahnhofs eine Moschee errichtet, dann zog in einer Fabriketage in der Wienerstraße die Koranschule ein – die Ayatollahs waren in der Stadt, und ihre sittenstrenge Herrschaft – ich wähle dieses Wort sehr bewußt – war zu spüren über Nacht.

Von Nihals Bruder erfuhr ich, es sei unanständig, wenn ich, der Ungläubige, seiner Mutter beim Grüßen ins Gesicht sehe.

»Unanständig?«

»Das verstehst du nicht«, sagte Nihals Bruder.

Ja, ihr lieben Multikultis, das Zusammenleben von Menschen ist schwierig, sogar in der Familie oder einer Ehe. Also müssen wir uns auf bestimmte Regeln einigen, und Himmelherrgottnochmal!, merkt ihr denn nicht, was ihr anrichtet, wenn ihr fordert, *jede* Kultur dürfe *überall* ihre Werte für absolut erklären? Schön wär's. Aber es geht nicht. Innerhalb von bestimmten Grenzen müssen jene Umgangs- und Anstandsformen Gültigkeit haben, die die Geschichte in ihrem mühsamen Mahlgang hervorbrachte. Das heißt, es ist eine Geschmacklosigkeit sondergleichen, wenn in den Ländern des Islams europäische Pimmel und Titten die Strände verseuchen; wenn in den Kathedralen des Abendlandes japanische Blitzlichter den hintersten Altarwinkel durchzucken; wenn wir neurotischen Weißen unter die Schwarzen kommen, ihre Kulturen zerschlagen und erst noch von »Entwicklungshilfe« reden. Ja, da bin ich Abendländer, da bin ich Alpenschrat, da kann ich nicht anders: Wanderer in den Innerschweizer Bergen und Nachbarn in einem Berliner Treppenhaus sollten sich grüßen, fast muß ich sagen – sollten sich grüßen *dürfen*.

Wer seine Heimat verläßt, muß einen Teil seiner Werte und Vorstellungen zurücklassen. Dafür wird er – ich erfuhr dies im Westberlin der siebziger Jahre – mit der Kultur einer neuen Gesellschaft konfrontiert, gefordert, beschenkt. Und allein *diese* Kultur, legitimiert durch ihre Geschichte, soll in den Fragen der öffentlichen Sitten das Sagen haben, nicht zuletzt im Interesse der zugezogenen Kinder. Sie passen sich dem Biotop, in dem sie aufwachsen, sofort an. Sie lernen, im Unterschied zu ihren Eltern, mühelos die neue Sprache, und bekanntlich

Aus einem Gespräch mit der Literaturzeitschrift »entwürfe«, im März 96. Entwürfe: »Im Zusammenhang mit diesem Urteil haben Sie geäußert, es sei gefährlich, wenn sich die Kulturen auf ihre Fundamente zurückziehen. Gleichzeitig warnen sie vor einem Vermischen der kulturellen Unterschiede, eine Entwicklung, die Sie im Zusammenschluß von europäischen Staaten befürchten. Wie sollen wir diesen Gegensatz verstehen?« Was für eine gute Frage, dachte ich. Kellers Pferd fiel mir ein. »Wer diese heiklige Frage zu beantworten, den Widerspruch zu lösen versteht, ohne den scheinbaren Gegensatz aufzuheben, der ist ein Meister hierzulande«, sagt das Pferd im Grünen Heinrich, »und arbeitet an der Identität selber mit.« Das kann ich nicht. Zumal ich nicht einmal mit mir selber zu Rande komme ist es die Sprache, die das Bewußtsein bestimmt. Kinder – bei uns war und ist es nicht anders – sind mehr die Kinder der Zeit und ihrer Gegend als die Kinder ihrer Eltern.

Achten wir die Religion unserer und anderer Väter. Vergessen wir nicht, daß alte Steintafeln uns gelehrt haben, was gut ist, was böse. Aber seien wir nicht so multikultiblöd, im Jahre 93 in der Schweiz die Gesetze des Korans ernster zu nehmen, als dies der Imam in Istanbul tut. Er nämlich, der Weise, hätte nicht nur Fatmas Vater angehört, sondern auch die Kleine. Und beim Bart des Propheten!, vermutlich hätte er, der selber Lehrer ist, die Entscheidung, ob Fatma mit ihrer Klasse schwimmen dürfe oder nicht, Fatmas Lehrer überlassen. Spekulationen, gewiß. Eines aber weiß ich bestimmt: Hätte der Imam so hart entschieden wie unser Bundesgericht, er hätte seinen Spruch mit dem Willen Gottes, des Allmächtigen, und nicht mit dem Begriff »Religions-*Freiheit*« kaschiert.

»Toleranz« – wie eine Kommentarfeder im »Tages-Anzeiger« in zeittypischer Dummheit jubelt? O nein. Unser Bundesgericht hat Fatma M. das Baden verboten.

Nihal, meine siebenschöne, bat mich eines Tages, erst lächelnd, dann verzweifelt, ihr zu helfen. Ihre Brüder wollten sie in die Türkei schaffen und dort verheiraten.

Ich Idiot. Ich habe es verpaßt, in der entscheidenden Zeit vor der Wohnungstür meiner Nachbarin zu sitzen, zu wachen, da zu sein. Also bleibt mir nichts anderes übrig, als von Zeit zu Zeit, wenn ich in Berlin bin, das zerkritzelte Treppenhaus der Lübbener 1 nach einer Nachricht abzusuchen. Auch sitze ich hin und wieder in den türkischen Teestuben, aus denen die Frauen mittlerweile vertrieben wurden, und stelle Fragen, die niemals

zu Rande komme. Ich antwortete im Interview: Ich bin im Zwischen – ein Heidegger-Wort – hängengeblieben. So bin ich einerseits froh, daß ich den Dogmen und Normen einer streng katholischen Welt entkommen bin, empfinde andererseits aber eine gewisse Leere. Eine ähnliche Situation erleben auch die Leute, die aus anderen Kulturen zu uns kommen. Weder sind sie durch und durch Türken, noch sind sie Deutsche oder Schweizer. Also erhoffen sie sich von ihrer Religion eine feste Identität. Das kann ich gut verstehen. Sie halten es im Zwischen nicht aus, es ist ein ungemütlicher Ort, ein Unort gewissermaßen. Aber mein Verständnis endet, wenn ich miterleben muß, daß eine solche Bewegung plötzlich für alle gelten soll. Da verläuft für mich die Grenze: Die Würde des Menschen ist unantastbar! Nun hat Ihre Frage aber auch beantwortet werden. Wo mag sie sein? Was wird sie machen? Hallo, Nihal, biste jut druff?

Ich fürchte, nein. Als sie entführt wurde, war sie im ersten Ausbildungsjahr im Urban-Krankenhaus, Berlin. Sie wollte Operationsschwester werden und hatte einen Freund, der wie sie in einer türkischen Familie in Kreuzberg aufgewachsen war. Im Unterschied zu unseren multikulturellen Schwätzern, die das Wort Heimat ausmerzen und sämtliche Kulturen zu einem hochexplosiven Europa- oder Weltteig ineinanderkneten möchten, wußte Nihal sehr genau, wie gefährlich gerade ihr und ihresgleichen dieser Prozeß war und ist. Sie fiel gleicherweise den Ayathollahs und den Liberalinskis zum Opfer. Berlin SO 36, die schrullige Nazi-Oma, die brandroten WG-Frauen und Hürr-Lyman – das war und ist Nihals Heimat, und ich bin sicher, sie steht dazu, was immer sie macht, wo immer sie lebt. Ich auch.

eine literarische Seite, und hier, in der Literatur, ist der Widerspruch lösbar. Er ist sogar fruchtbar. In »Der Franzos im Ybrig« zum Beispiel greife ich gut schweizerische Mythen auf und mache mich gleichzeitig darüber lustig. Das heißt, ich anerkenne die Schweiz als Thema, aber das geschieht in einer Weise, die hoffentlich deutlich macht, daß ich alles andere als ein Nationalist bin. Mit anderen Worten, was in der Literatur jederzeit möglich ist, nämlich das Spiel mit Mythen, mit Fundamenten, ist gesellschaftlich eine zwiespältige Sache.

Die Lebensflasche

In den Jahren nach 1968 vollzog sich in Westberlin ein seltsamer Prozeß. Die geteilte Stadt inszenierte in ihren Mauern eine zweite Teilung. Tagsüber wurde die Welt erhellt, nachts wurde sie verdunkelt. Tagsüber waren überall Gipser und Maler am Werk, und sämtliche Wohnungen, ob groß oder klein, präsentierten sich miteins in jenem Weiß, das durch Botho Strauß zum Zeichen einer neuen Ästhetik werden sollte. Die Aufklärung, im Wortsinn, triumphierte. Hegel steckte den Gang der Geschichte ab, Freud leuchtete die Seelen aus, Marx erklärte das Kapital und die Gesellschaft, kurz: die Köpfe wurden klar, die Verhältnisse erhellt, die Räume weiß. Aber seltsam! Kaum brach die Nacht herein, begannen sich die Neonsäle der Analyse und die frisch geweißelten Wohnungen zu leeren, ein Licht nach dem andern erlosch, und durch dunkle, von Gaslaternen leis bezischte Straßenschluchten strebten eilige Schatten ihren nächtigen Stationen zu. Sie hießen »Wohnzimmer«, »Jodelkeller«, »Nulpe«, »LSX« oder »Delirium«. Sie waren mit Mobiliar vom Sperrmüll vollgerümpelt, Kerzen flackerten, Musik dröhnte, und hatte sich die Höhle gegen Mitternacht gefüllt, war der Rauch so dick geworden, daß die schwitzenden Gesichter darin verschwammen, die einen diskutierend, andere schmusend, schweigend, träumend schon, WISH YOU WERE HERE, die Musik wurde leiser, der Lärm verebbte, die Kerzen verglommen, und wie in einer Tauchglocke, deren Seil gerissen ist, schaukelten wir letzten Gäste tief und tiefer hinab. Die rational erfaßte Welt wurde zur Oberfläche, das Dunkel wurde dichter, die Verwandlung begann.

Als Buben waren wir Ministranten und fromm. Alles hatte seine Ordnung, und diese war von Gott, nicht von den Menschen gemacht. Im linken Kirchenschiff waren die Frauen versammelt, im rechten die Männer, der Priester jedoch, am Altar stehend und über das Volk erhöht, herrschte über beide Welten – er verwandelte den Wein in das Blut des Herrn.

Die katholische Kirche nimmt die Wandlung wörtlich. *Hoc est enim corpus meum:* das ist mein Leib, *hic est enim calix sanguinis mei:* das ist mein Blut, Geheimnis des Glaubens. Zur Wandlung ließen wir Ministranten unsere Schellen bimmeln, und Herr Zünti, der Sigrist, kniete in der Sakristei vor dem Läutschalter nieder.

Die Wandlungsglocke war auch die Totenglocke. Wenn jemand gestorben war, wurde sie geläutet, und es hieß, in früheren Zeiten habe man das Totenläuten benutzt, um einem qualvoll Leidenden hinüberzuhelfen. Habe so einer gehört, daß er schon ausgeläutet werde, sei er der eigenen Totenglocke hinterhergestorben, vom Wandlungsläuten erlöst.

Eines Tages, ich war etwa 15 Jahre alt und Schüler der Stiftsschule Einsiedeln, verlor ich das Geheimnis. Nein, ich konnte beim besten Willen nicht mehr glauben, daß im Kelch des Meßpriesters ein süßlicher Veltliner sich wandle, wirklich und wahrhaftig verwandle in das Blut des Herrn. Geheimnis des Glaubens? Hokuspokus, dachte ich, ein überholtes Ritual. Ohne den Zusammenhang zu ahnen, fiel ich vom Glauben ab und landete wunderbar weich bei Frau Korner, in der Gastwirtschaft St. Peter, und von Zeit zu Zeit, wenn der Ausbruch aus dem voralpinen Kessel glückte, im Schauspielhaus Zürich. Was ich in der Messe nicht mehr erleben konnte, widerfuhr mir nun im Theater und im Trunk: das Wunder der Verwandlung.

Mein Großonkel Kaspar war Schnapsbrenner. Er hatte eine blaurote Nase und an seinem Kinn klebten Warzen, verschrumpelt wie die Kirschen, die er brannte. Großonkel Kaspar lebte vom Kirsch, und seine besten Jahrgänge bot er als vielgesuchte Spezialität an, als Lebensflaschen.

Eine Lebensflasche stand im Büffet und wurde nur selten hervorgeholt: an Jubel- oder Trauertagen. Dann nahm man einen Schluck, nicht mehr als einen Schluck, denn die Lebensflasche, wie der Name sagt, mußte ein Leben lang halten. Meist war sie ein Hochzeitsgeschenk, und das erste Glas tranken Braut und Bräutigam. Neun Monate später galt es die Taufe zu feiern, ein Prosit auf das erste Kind, ein Prosit auf alle weiteren, und starb eines weg, nahmen Vater und Mutter einen Schluck aus der Lebensflasche, diesmal aus Trauer, aus Verzweiflung. So wurden alle wichtigen Daten, Tod-, Geburts- und Examenstage, mit einer Träne aus der Lebensflasche begossen, und viele Jahre lang sah es aus, als ginge der Lebensgeist niemals zur Neige. Plötzlich jedoch ist die Hand, die nach der Flasche greift, alt geworden, zittrig und grau, und in der Lebensflasche gluchzt nur noch ein Rest, ein letzter, armseliger Schluck. Ob er noch getrunken wird? Die leere Lebensflasche, hieß es früher, könne mehr erzählen als so manches Buch.

Trinker und Fixer tun das gleiche: Sie steigen aus der Gegenwart aus, ohne diese zu verlassen. Sie bleiben, oft sogar reglos, an Ort und Stelle, in einer düsteren Kaschemme oder im Elend eines Drogenhofs, gleichzeitig jedoch – und das macht Unerfahrene schwindlig! – lassen sie sich hinaus- und hinüber- und hinabfallen in eine andere Welt. Die ist nicht das Jenseits, natürlich nicht, aber doch ein Raum, der sich jenseits von Gut und Böse, jenseits von Ja und Nein, jenseits von kontrollierender Vernunft und geregeltem Gefühlshaushalt »ausdehnet wie Asien« (Hölderlin). Hier fließt alles, hier strömt es, und das arme Hirn, das gern in festen Zusammenhängen denkt, wird in Bilder hineingestrudelt, in Wahrheiten und Geheimnisse, die im Jenseits des Rausches ihren Ursprung haben.

»Einmal auf der Welt, und dann ausgerechnet als Klempner in Detmold!« rief der Dichter Grabbe verzweifelt aus, soff sich Nacht für Nacht unter den Tisch, war ein armer, verlauster Hund – und in seinen Räuschen und Stücken wurde er zu Hannibal, zu Napoleon, zu Faust und Don Juan. Lauter grandiose Verwandlungen! Vom Hund zum Herrn. Vom Herrn zum Bettler, zum Genie, auf die Bühne, in die Gosse, ins Delirium und ab in die Nacht. Einmal auf der Welt, und dann, bittesehr, wollen wir alle und alles sein, zwei gegeneinander anstürmende Heere, ein Dutzend Generäle und deren Frauen!

Natürlich ist der Detmolder Wandlungskünstler eine Ausnahme. Weiter als er – in der Dramaturgie und im Suff – kann man nicht gehen. Wir andern jedoch wissen, daß nur wenige Gläser genügen, um für kurze Zeit über sich selber hinauszuwachsen. Transzendenz im Trunk. Plötzlich ist man geil. Und verliebt. Und ein

Kraftkerl. Und einer, der haßt. Und schwört, morgen noch einmal anzufangen, noch einmal von vorn. Morgen! Morgen bestimmt! Man haut auf den Tisch, ist zu allem entschlossen, zu allem fähig, und ein Letztes, sagt man sich, kann nicht schaden. »Milly, zapf mir noch ein Bier!«

»Dann gehst aber heim, du Löli.«

Heimgehen. Man sehe den Wegen im Abendlicht an, hat Robert Walser gesagt, daß sie Heimwege seien.

Warten auf Godot, vermutet mein Freund Gerfin, ist ein autobiographisches Stück. Wladimir und Estragon, das sind Joyce und Beckett auf dem Heimweg vom Pub. »›Also? Wir gehen‹ ›Gehen wir!‹ Sie gehen nicht von der Stelle.«

Jetzt steht Milly an der Musicbox, leicht gebückt, so daß über dem drallen Popo (dem schönsten der Welt!) der Ledermini erglänzt.

Thomas Mann schreibt Tagebuch und könnte dabei, sogar in den erotischen Passagen, von einem japanischen Germanisten photographiert werden. Nie verliert der große Mann die Haltung, immer behält er die Pose, er war in jeder Schreibminute Thomas Mann. Der Stil ist perfekt, die Beschreibung gelingt, aber die Verwandlung, nein, die schafft er nicht, nie.

Deshalb dürfte er doch ein bißchen zu hoch geträumt haben, als er sich neben Goethe auf dem Sockel sah. Gewiß, beide waren amtierende Dichterfürsten, aber Goethe war noch mehr, nämlich ein klassisches Verwandlungsgenie, das ganz und gar in seinen Geschöpfen – und in den verschiedenen literarischen Gattungen – aufgehen konnte. Stellen Sie Lotte aus »Lotte in Weimar« neben das Gretchen! Während Mann, als Lotte kostümiert, nicht einmal Tuntencharme gewinnt, ist der große Goethe so sehr das leidende Gretchen, daß wir mit der Betenden beten.

Über die Qualität sagt das nichts aus. Thomas Mann, ein Hermann Burger und viele andere sind Zauberer, also Experten in Sachen Verwandlung, aber aufgepaßt: Sie führen die Verwandlung vor, und nie, nicht ein einziges Mal, verzaubern sie sich selbst.

»Und so lang du das nicht hast, / Dieses Stirb und Werde! / Bist du nur ein trüber Gast / Auf der dunklen Erde.« Goethe, Selige Sehnsucht.

Die Frage drängt sich auf: Warum trinkt ein Goethe? Warum muß und will er sich wieder und wieder verwandeln? Und seine Verwandlungen, weiß der Teufel, lassen ihn in allen Sektionen und in tausend Figuren triumphieren! Mal kommt er als junger Wilder daher, mal als steifer Hofrat, heute ist er Klassiker, morgen am Bergbau interessiert, und in seinen Walpurgisnächten buchstabiert er als Hexenschar das Hexeneinmaleins. Le voilà, un homme! soll Napoleon gesagt haben. Vermutlich wars eine Beschwörung. Napoleon wollte diesen tausendfachen Goethe auf einen reduzieren.

Aber: Warum tut er, was er tut? Aus purer Lust am Spiel? Taucht der große Goethe nur deshalb in seine Rauschträume ab, um im jenseitigen Geisterreich all die tollen Figuren zu entdecken, die er anderntags aufs Papier und ins Leben bringt? Oder liegt diesem Trieb zur Wandlung noch etwas anderes, etwas Tieferes zugrunde?

Draußen entfernt sich der letzte Zug. Es war der Nachtzug nach Wien. Über dem Bahnhof wird es dunkel. Nur noch in Millys Büffet brennt Licht. Aber wer ist der Herr, der dort in der Ecke sitzt, vor einer Flasche Fernet Branca?

Gottfried Keller erzählt in der ersten Fassung des Grünen Heinrich, wie Heinrich »den Becher des Lebens« ergreift und leertrinkt. Auf dem Münchner Faschingsball lacht er und liebt und tanzt. Den verknorzten Schweizer und Möchtegernmaler wird er los, dann aber, im Taumel von Suff und Seligkeit, geschieht ein schreckliches Unglück. Heinrich ersticht Ferdinand, den Freund. Das Fest ist vorbei, das Leben perdu. »Der Becher des Lebens«, deutet Keller an, enthält einen gefährlichen Trunk. Auf dem Grund des Pokals lacht die Fratze des Todes.

Ähnliches geschieht im berühmtesten Alkbuch, in Malcolm Lowrys »Unter dem Vulkan«. Es spielt am Allerseelentag des Jahres 39 in einer mexikanischen Kleinstadt am Hang des Popocatepetel. Daß da eine große und schreckliche Wandlung vorgeführt wird, verrät schon das letzte der drei Motti: »Wer immer strebend sich bemüht, den können wir erlösen«, Goethe.

Der Konsul, die Hauptfigur des Romans, »bemüht« sich mit Whisky und Mescal um den Gang über die äußerste Grenze. In einem Brief, den er nicht mehr abgeschickt hat, schreibt er: »Und so denke ich manchmal an mich selbst wie an einen großen Forscher, der irgendein unbekanntes Land entdeckt hat und niemals von dort zurückkehren kann, um der Welt Kenntnis davon zu geben; aber der Name dieses Landes ist Hölle. Natürlich liegt es nicht in Mexico, es liegt im Herzen.«

Der Name des Landes ist Hölle, doch nicht zufällig läßt sich der Konsul ausgerechnet an jenem Tag in sie hinaus- und hinabfallen, da auf allen Gräbern rund um den Vulkan herum der Armen Seelen und also des Ewigen Lebens und der Auferstehung gedacht wird.

Die Wandlung, die der Trinker immer wieder zelebriert, ist ein Übungsstück mit dem Titel Tod. Saufen heißt Sterbenlernen, heißt den Tod erleiden und anderntags, ein bißchen verkatert, die Auferstehung. Mit anderen Worten: das Ritual der Wandlung (ob man nun säuft oder drückt oder malt oder schreibt oder Schauspieler ist) ist ein Hereinholen des Todes ins Leben. Man macht die Grenze zur Schranke. Einmal hinüber und zurück: »Milly, zapf mir noch ein endgültig allerletztes!«

»Kennst du ihn?« fragt Milly. Ich nicke. Der Herr im schwarzen Pelzmantel vor der schwarzen Flasche ist Oskar Werner. An manchen Abenden kommt er hierher, um die Ab- und Ausfahrt des Nachtzuges nach Wien zu hören

hören. Milly löscht die Lampen über dem Tresen. Das Spülwasser gurgelt ab. Hinter der Grenze bellt ein Hund. Oskar Werner trinkt das schwarze Wasser aus. Dann ruft Milly einen Taxifahrer. Sie nehmen den Herrn im Pelzmantel in die Mitte und schleifen ihn zur Tür.

Großonkel Kaspar, der Lebensflaschenverkäufer, starb in einer Winternacht im Wald. Nach einer langen Zeche, die gleichsam ein metaphysischer Anlauf gewesen war – von der »Eintracht« über den »Sternen« in den »Engel«! – kam Kaspar vom Weg ab, ging zwischen die Bäume und erfror im Schnee. Ach, hatte er bei seinem letzten Besuch zu meiner Mutter gesagt, so manche schöne Frau habe er mit einem Tropfen aus der Lebensflasche verabschieden müssen. Er habe lang gelebt und gut. Nun sei das Feuer erloschen und auch der Durst. Großonkel Kaspars Lebensflasche war ausgetrunken. Sie enthielt nur noch Leere, das sichtbare Nichts, die getrunkene Zeit. Der Wein war Blut geworden, die Verwandlung war geglückt, und wer weiß, wer weiß – vielleicht geht diese letzte und schwerste Reise, für die wir armen dummen Säufer so oft exerzieren, aus der Düsternis unserer Cantinas hinüber und hinauf ins Licht.

»Wohin?«

»Am Ende der Nacht, meine liebe Milly, ist es hell. Zapfst du mir noch ein absolut endgültig allerletztes?«

Verwandlung – Veränderung

Ein alter Innerschweizer Geschichtenerzähler pflegte so zu beginnen: Ihr glaubt es ja doch nicht, ich erzähle es trotzdem.

Ihr glaubt es ja doch nicht, ich erzähle es trotzdem: Der Mann war 99 Jahre alt, als ihm gesagt wurde, er werde Vater eines Sohnes. Der Greis reagierte vernünftig: Er lachte. Dann fiel ihm, wen wunderts, das Alter seiner Frau ein, und er dachte: Was, mit neunzig soll sie noch gebären? Wenig später erfuhr die Frau von der Sache, und auch sie reagierte angemessen – ich fahre wörtlich fort: »›Nun ich welk bin, soll mich noch Liebeslust ankommen?‹ dachte Sara und lachte bei sich selbst. Da sprach der Herr zu Abraham: ›Warum lacht denn Sara? Ist denn irgend etwas unmöglich für den Herrn?‹ Sara leugnete und sprach: ›Ich habe nicht gelacht.‹ Denn sie fürchtete sich. Aber der Herr sprach: ›Doch, du hast gelacht.‹«

Sie wissen, wie diese unglaubliche, ja verrückte Geschichte weiterging. Übers Jahr gebar Sara einen Sohn, Isaak, und die Verheißung, das Greisenpaar werde »fruchtbar sein über alle Maßen«, erfüllte sich.

Der kurze Dialog zwischen dem Herrn und Sara steht im 1. Buch Mose, im 18. Kapitel, und ist vielleicht die erste Komödie des Abendlandes.

Stellen wir uns also vor, die Personen würden auf der Bühne stehen, und hören wir noch einmal zu:

Herr: Warum lacht denn Sara? Ist denn irgend etwas unmöglich für den Herrn?
Sara: Ich habe nicht gelacht.
Herr: Doch, du hast gelacht.

Das ist reiner Goldoni, bester Molière, wir dürfen sogar an Sternheim denken oder an Dürrenmatt. Sie lügt, er droht. Und gleichzeitig läßt der Autor, ein perfekter Spieler, den Funken überspringen auf sein Publikum. Ich habe nicht gelacht, sagt sie. Doch, du hast gelacht. Und jetzt, klare Sache, lacht auch der Saal.

Worüber? Dieser Kurzdialog umspielt ein gewaltiges Thema, das Thema der Verwandlung, und natürlich – das erfahren wir bei Aristophanes, wenn zwei biedere Athener zu Vögeln werden, und wir erfahren es bei Shakespeare, wenn ein Verliebter zum Esel wird –, natürlich ist jede Verwandlung, ob in der Bibel oder auf der Bühne, ein zwiespältiger Akt, ein Geschehen, das uns gleichzeitig ängstigt und lachen macht. Wir schauen zu, wie das Unmögliche wirklich wird. Wir müssen zur Kenntnis nehmen, daß das Unmögliche wahr ist. Ihr glaubt es ja doch nicht, ich erzähle es trotzdem, und siehe da, der Geschichtenerzähler hat recht, übers Jahr war die welke Sara eine glückliche Mutter geworden.

Auch im folgenden Kapitel, in 1. Mose 19, ist die Verwandlung das zentrale Thema, und zwar auf schreckliche Weise: Der Herr läßt »Schwefel und Feuer« regnen, so daß von den Städten Sodom und Gomorrha der Qualm aufsteigt »wie Qualm von einem Schmelzofen«. Und wiederum wird der Leser, die Leserin auf raffinierte Weise ins Geschehen verwickelt. Genau in dem Moment, da wir das Wüten der Feuer und das Aufsteigen der Rauchsäulen vor Augen haben, riskiert Lots

Weib einen Blick zurück auf ihre brennende Heimat. Sie tut das gleiche wie die Leser. »Lots Weib aber sah sich um und ward zur Salzsäule.«

In Kapitel 18 wird eine Greisin in eine glückliche Mutter, in Kapitel 19 wird eine Neugierige in eine Salzsäule verwandelt. In beiden Fällen geschieht das Unglaubliche, das Unerhörte, und so sicher wir im ersten Fall, wenn Sara erst lacht, dann ihr Lachen leugnet, in Gelächter ausbrechen, so sicher werden wir im zweiten, gemeinsam mit Lots Weib, vor Entsetzen erstarren. Die Verwandlung ist so fremd, so stark, daß sie auch uns ergreift.

Der Nihilismus steht vor der Tür: woher kommt uns der unheimlichste aller Gäste?« hat Friedrich Nietzsche vor mehr als hundert Jahren gefragt. Wenn ich diesen Satz mit den Augen des Theaterautors lese, fällt mir auf, daß Nietzsches Nihilismus eine Art Godot ist. Er steht vor der Tür, er bleibt außerhalb der Szene, nie, nicht ein einziges Mal, setzt er seinen Fuß auf die Bühne. Nietzsches unheimlichster aller Gäste ist unheimlich im Sinn des Wortes: Er weigert sich, unser Heim zu betreten. Er spielt, darin Becketts Godot verwandt, die Titelrolle, wir jedoch, die Mitspieler, kennen weder den Geruch des unheimlichen Gastes noch seine Gestalt – treten wir ihn, tanzen wir ins Leere. Der Unheimliche ist nicht zu greifen, nicht zu bekämpfen, er steht draußen vor der Tür, und das heißt: Im eigenen Heim sitzen wir in der Falle.

Nietzsche hat den Nihilismus in einer Notiz als die »radikalste Ablehnung von Wert, Sinn, Wünschbarkeit« definiert. Eine interessante Formel! Wir ließen die Werte fahren, wir vergaben den Sinn, nur merkten wir nicht, höhnt Nietzsche, daß jeder »Wertezersetzer« sich selbst als »wertsetzend« anerkennen muß. Und genau dies ist die selbstgewählte Falle: Wer die Werte nicht umwertet – das war Nietzsches Programm –, sondern sie nur zersetzt, der muß zumindest sein eigenes Tun, seine eigene Warte für wertvoll erklären. Damit jedoch hat der Wertezersetzer seine Zersetzungsarbeit verraten, er hat sich selber widerlegt. Ein Denkfehler, eigentlich zu verschmerzen, schließlich können wir die Rechnung noch einmal machen. Können wir das wirklich?

Nein, denn wir haben sie ohne den Gast gemacht, diesen unheimlichsten von allen, der noch immer auf der Schwelle steht, vor der Tür, und uns nicht mehr hinausläßt. Wir negieren nämlich, sagt Nietzsche, nicht nur Wert und Sinn, sondern auch, ein überraschendes Wort, »die Wünschbarkeit«. Das heißt, auch unsere Hoffnung ließen wir fahren, unsere Sehnsucht, unsere Träume, und nur aus diesem Grund, da unsere Wünsche tot sind und ihn niemals behelligen, konnte der Gast vor der Tür größer werden, gewaltiger, unbarmherziger von Sekunde zu Sekunde. Er ist der Wärter, der uns in den eigenen Denkfehlern, in der Falle der abgewerteten Werte, gefangen hält. Er versperrt uns den Ausgang, die Flucht in alte oder neue Anläufe.

So endet das Stück von Samuel Beckett:

Wladimir: Also? Wir gehen?
Estragon: Gehen wir?
(Sie gehen nicht von der Stelle.)

Rien ne va plus. Die Zeit, als das Wünschen noch geholfen hat, gehört ins Märchen. Aber nun ist auch die Zeit des Wünschens vorbei, der Glaube an das

Wunder, die Hoffnung auf die *Verwandlung* kam uns abhanden, radikal.

»... sie machen höchstens Karriere, eine bürgerliche Schwundstufe der Verwandlung.« Rüdiger Safranski.

Die Veränderung findet zwar statt, seis im Politischen, seis im Privaten, aber nichts hat sich verwandelt. Man trennt sich vom Partner, wechselt den Beruf, das Gesicht wird kosmetisch, die Seele psychologisch behandelt; man steigt aus, steigt um, entwirft sich heute so, morgen so, entdeckt sein Selbst und will es gar noch »verwirklichen«. Veränderungen, wohin man blickt, und nichts, gar nichts verwandelt sich. Denn der Unheimliche hält uns gefangen, und wir, anstatt das Gefängnis zu sprengen, bleiben sitzen – mit einem wunderschönen Wort von Peter Handke gesagt: wunschlos unglücklich.

Nietzsche hat diese Haltung niemals akzeptiert. Wissend, daß der Abwerter der Werte in eine Denkfalle tappt, fordert er bis in seine letzten Spreng-Sätze hinein eine Umwertung aller Werte, einen Sprung aus unserer zweideutigen Logik und Moral hinaus und hinüber in ein »gefährliches Vielleicht«.

Ob ihm selbst dieser *Sprung* geglückt ist? Wir wissen es nicht. Wir können zwar verfolgen, wie er abgemessene Schritte zurückgeht; wie er Anlauf nimmt zum Absprung, aber dann, auf der Fahrt über den verschneiten St. Gotthard, riß der Philosoph das Fenster der Postkutsche auf und krächzte, genau auf der Paßhöhe, zwischen dem Süden und dem Norden, ein venezianisches Gondellied in die eisige Nacht hinaus. *Ecce homo* hatte er zuvor geschrieben und geschrien, und das heißt: Er wollte zu dem werden, der er war. Er wollte sich nicht ändern, er wollte ganz sich selber sein, und gerade deshalb wurde er verwandelt. In seinen letzten Sätzen war Nietzsche im eigenen Verständnis ein Gott und für uns ein Umnachteter geworden, ein Wahnkranker.

Letztes Lied: ein Gondellied, angestimmt auf der Paßhöhe. Letzter schriftlicher Satz: »Ich habe meinen Regenschirm vergessen.«

Aus dem Krankenjournal der Irrenanstalt Jena, wo Nietzsche vom 18. Januar 1889 bis zum 24. März 1890 interniert war (nach: Anacleto Verrechia, Zarathustras Ende.) »10. Febr. 89. Sehr laut. Oft Zornaffekt mit unartikuliertem Schreien ohne äußeres Motiv. 20. Febr. Weiß den Anfang seines letzten Buches nicht mehr. 24. März. Weiße Haare finden sich im Schnurrbart des Kranken nur rechts. 26. März. Geht singend und stampfend umher. 27. April. Beschmiert sich mit Kot. 14. Juni. Hält den Oberwärter für Bismarck. 6. Sept. Gibt als Datum den 7. Dezember an. 9. Sept. Behauptet in Turin zu sein.« Friedrich Nietzsche starb, elf Jahre später, am 25. August 1900. Sein Weltruhm blieb ihm unbekannt. »... und so mußte ich mir gestehen, daß ich das Beste, was ich bisher gelernt, aus der Hand

Seine *Diagnose* bleibt gültig bis auf den heutigen Tag. Wir sitzen in der Falle der abgewerteten Werte gefangen, und das Zauberwort, das uns befreien, das den Unheimlichen fortwünschen könnte, haben wir verloren: Mutabor.

In der Bibel, in den Komödien des Aristophanes, in den Dramen von Shakespeare und in Goethes Gedichten ist die Welt enthalten, die ganze. Rufen wir ein beliebiges Wort hinein, ein beliebiges Thema, wird uns das Echo in jedem Fall überwältigen. Ich bin mir dessen bewußt. Trotzdem wage ich zu behaupten, daß ein ungeheuerliches Geschehen, ein unlösbares Rätsel, eben die Verwandlung, den Gang der Dinge sowohl im Alten als auch im Neuen Testament immer wieder durchbricht, uns verstörend, uns erschreckend. Dabei ist dies das Erstaunliche: Die Verwandlung vollzieht sich, sie geschieht – weder der verwandelte Gott noch der verwandelte Mensch, noch das verwandelte Ding kann irgend etwas dazu oder dafür oder dagegen tun. Saulus trifft ein strahlendes Licht, er stürzt zu Boden, er ist verwandelt. Das gleiche gilt für den Aussätzigen, der nicht etwa gesundet, nein, plötzlich ist er ein neuer, ein verwandelter Mensch. Und miteins ist eine Jungfrau Mutter, das Wasser Wein, der Wein Blut, Gott tot, und der Tote steht auf.

Nein, diese Wandlung kann unser Verstand nicht fassen. Auch Paulus, der seine Wandlung später den Galatern erzählen will, weiß nur, daß Gott weiß, daß er, Paulus, nicht lügt. »Der uns einst verfolgte, verkündigt jetzt den Glauben, den er einst zerstörte.« Und auch bei Paulus fällt auf, daß eine Veränderung der Person nicht stattfand. Er war und blieb ein Eiferer, rast-, ruhe- und maßlos, als Verfolger ebenso wie als Verkünder. Paulus hat sich nicht verändert, er ist verwandelt worden.

des Wahnsinns empfangen habe.« Gottfried Keller, Der Grüne Heinrich, erste Fassung

Veränderungen können wir befördern und beobachten, Verwandlungen nicht. Auch die großen Bühnendichter und -künstler verweigern jede Erklärung. Ein Athener ist plötzlich ein Vogel, ein Verliebter ein Esel, der Traum wird wahr, das Unmögliche wirklich, ihr glaubt es ja doch nicht, scheinen sie alle zu sagen, wir erzählen es trotzdem. Martin Held, der grandiose Schauspieler, dem ich als Regieassistent begegnen durfte, sagte mir einmal, sobald er in der Rolle sei, würde er seine Schmerzen nicht mehr spüren. Sei die Figur, die er spiele, gesund, sei auch er, Held, gesund, punktum. Dann trat er auf, mit beschwingtem Schritt. Zwei Stunden zuvor hatte der Arzt dem Theater mitgeteilt, Martin Held werde nie mehr spielen können.

Die Zeit, wie gesagt, ist auf Veränderungen aus, für Verwandlungen haben wir kein Gespür mehr. Ich erfuhr das an mir selbst. Als Klosterschüler, etwa mit fünfzehn Jahren, war ich dem Geheimnis der Wandlung, der Verwandlung von Brot und Wein in Leib und Blut, nicht mehr gewachsen. Ich las, von älteren Schültern gut bedient, Marcuse, Marx und Freud, stieg oft über die Mauer, reiste per Autostop nach Zürich und rannte ins Theater. Ich war süchtig nach Theater. Den Zusammenhang begriff ich erst später. Was die Philosophen nicht erklären konnten, führte die Bühne vor. Sie glaubt, allen Veränderungen, aller Aufklärung zum Trotz, an ihr ältestes Geheimnis: an die Verwandlung.

Dämmerschoppen
Novelle

Erster Akt

Am Vorabend seines siebzigsten Geburtstages saß hoch über dem Vierwaldstätter See der Dichter Gottfried Keller auf einer Hotelterrasse, trank eine Flasche Gumpoldskirchner und sah in die Dämmerung hinaus. Hier oben kannte ihn niemand. Der Seelisberg, mitten in der Innerschweiz auf einer steil abfallenden Felsflanke gelegen, war ein vornehmer Luftkurort und wurde von Herrschaften aus ganz Europa, ja sogar aus Übersee, aber kaum von Schweizern besucht. Keller hob das Glas. Der Juliabend war lau, der Wein gut, mit jedem Schluck fühlte er sich wohler. Morgen würde er siebzig Jahre alt, ein runder Geburtstag, das größte Fest seines Lebens, er jedoch, der Jubilar, hatte all seinen Gratulanten ein Schnippchen geschlagen. Es war ihm gelungen, im Grand-Hotel »Sonnenberg« unter falschem Namen abzusteigen. Er trank das Glas in einem Zug leer und stellte sich in wachsender Frohlaune vor, wie die Männerchöre und Fackelstudenten ihre Lieder und Hochrufe vor seiner Wohnung am Zürcher Zeltweg ins Leere jubeln würden: Keller hervor!, und die Studentenkäppis, die Zylinder und Fackeln stiegen im Takt über ihre Köpfe: hurra! hurra! hurra!

Am Fuß der Flanke, bei der Rütliwiese, tutete ein Dampfer. Dann erklang ein helles Lachen – zwei Mädchen, ihm einen Gruß zunickend, verschwanden im

Hotel. Ach, ich alter Hund, dachte Keller, wie bin ich froh, daß mich die Flöhe der Leidenschaft nicht mehr jucken.

Oft kam die Schwermut mit einbrechender Dämmerung, deshalb war Keller entschlossen, seiner Gicht zum Trotz, noch eine Weile zu sitzen, zu trinken. Er fürchtete sich vor der pompösen Leere seines Zimmers. Dort würde er auf dem Doppelbett liegen, nicht viel größer als ein Kind, er würde die Decke betrachten und das im Dunkel sich auflösende Tapetenmuster, aber früher oder später, das wußte er, würde auf der Fußlade der Bettstatt ein schwarzer Vogel landen, seine Schwermut.

»Es timmeret«, bemerkte jetzt, ihm einschenkend, ein langbeiniger Herr Ober. Er war aus dem Innern herangestelzt, nun stellte er die Flasche auf den Beitisch zurück, räusperte sich in einen weißen Handschuh hinein und erwartete wohl, daß ihn der Gast in eine Unterhaltung zöge. Keller hütete sich. Das war ein Hiesiger, ein Innerschweizer. Ihm, dem Stadtzürcher, waren Leute dieses Schlages fremd. Vor Zeiten hatten sie ihr Land den Vögten abgenommen, sie waren ihre eigene Herrschaft geworden. Und heute? Heute krochen sie hinter Comtessen her, hinter Bank- und Schlotbaronen, immer darauf bedacht, ein Trinkgeld zu kassieren. Die einst mächtigen Bauern hatten sich zu Knechten deformiert, zu Kellnern und Caddies.

Unter der zarten, letzten Himmelshelle schien das Land weit, groß und grau zu werden. Von den tiefer gelegenen Alpen tönte das Läuten der Herden herauf, und ein Senn mit kräftiger Stimme, die ein Holztrichter noch verstärkte, leierte seinen Betruf in den Abend hinaus. Der befrackte Ober stand jetzt an der Terrassenbrüstung;

er schien dem Dampfer zuzusehen, der tief unter ihm den See durchfuhr.

Ich bin, sagte sich Keller, ein Greis. Er saß in einem Korbstuhl, die kurzen Beine von einem Plaid verdeckt, und trank, trank hastig, er trank, um froh zu bleiben, heiter. Es war kühl geworden, es wurde dunkel. Nur der See, als vermöchte er aus eigener Kraft zu leuchten, lag wie ein Spiegel aus Silber in der Tiefe einer gründunklen Schattenlandschaft. Keller lächelte. Er war alt, doch nicht verbittert. Er war allein, doch nicht einsam. Der Vogel, wagte er zu denken, hatte ihn zwar gestreift, doch nicht gepackt. Heute, am Vorabend seines Geburtstages, ließ ihn die Schwermut in Ruhe. Der Herr Ober steifte den Rücken, drehte sich um und sah herüber. Er schien etwas sagen zu wollen. Keller duckte sich. Aus dem Himmel, sah er, schwand das letzte Licht. Kein Stern, kein Mond. Irgendwo wurde ein Fenster geschlossen, ein Vorhang gezogen, und das Bimmeln der Herde tönte dumpf und fern.

Da, plötzlich, geschiehts:

Das nachtdunkle Land erwacht, die Seedörfer und Seitentäler beginnen zu läuten, nah ein Knistern, ein Geprassel, ein Feuer lodert auf, ein Höhenfeuer, und schon stehen alle Flanken, alle Gipfel in Flammen – das große Naturtheater der Innerschweiz hat sich mit einem Schlag illuminiert.

Sofort war es mit Kellers Frohlaune vorbei: »Was händ ächt die Tuble wider z fyre!« knurrte er.

Der Ober kam näher. »Ein Dichtergeburtstag!«

»Wie bitte?« Keller verschluckte sich.

Ja, fuhr der Ober leise fort, kaum zu glauben, doch leider die Wahrheit, mit diesem Aufwand an Holz, Feuer und Geläute werde ein gewisser Keller, Gottfried,

Dichter aus Zürich, zum Siebzigsten geehrt und gefeiert – reichlich übertrieben, wie er, der Herr Wendelin finde.

»So, so«, machte Keller.

Und Herr Wendelin, mit hämischem Unterton: »TRINKT, O AUGEN, WAS DIE WIMPER HÄLT, VON DEM GOLDENEN ÜBERFLUSS DER WELT!«

Keller riß die Brille ab, drückte Daumen und Zeigefinger gegen die Augen, aber er wußte, er sah es: Das war kein Traum, kein Suffgebilde, dieser Herr Ober, der ihn so frech und abschätzig zitiert hatte, stand lang und ein wenig nach Schweiß riechend neben seinem Stuhl. Keller konnte nicht anders, er mußte ihn anglotzen. In dieser Tonart, erklärte nun der Ober, pflege der Jubilar zu dichten, der zitierte Vers habe heute morgen in allen Zeitungen gestanden. Trinkende Augen! Haltende Wimpern! Also ihm, dem Herrn Wendelin, sei das zu verstiegen und zu altmodisch, lyrisches Geflitter von gestern.

Der Dichter, für den das Land die Glocken erschallen und die Gipfel wie Fackeln leuchten ließ, griff mit alterszittriger Hand nach dem Glas. Sollte er lachen oder heulen? Der Lange nahm die leere Flasche vom Tisch und sah ihn fragend an.

»Ja«, sagte Keller, »bringed no e Guttere!«

Er krallte seine Finger in die korbige Lehne. Ihm schwindelte. Jetzt war er da – der Vogel war da. »Habt Ihr nicht verstanden?« rief Keller mit verzweifelter Kraft, »no e Guttere, noch eine Flasche, und zwar rasch!«

Auf seinen dünnen Beinen stakste der Ober davon. Ein kalter Luftzug, der vom See herauf und über die Terrasse stieg, ließ seine Frackstöße flattern. Keller schnaufte. Was tun? Fliehen?

Zu spät. Schon stand der Ober wieder bei ihm, zog nah an Kellers Ohr den Zapfen aus der Flasche und meinte keck, das sei kein schlechter Tropfen, dieser Gumpoldskirchner.

»Drum suuf en«, sagte Keller.

Zweiter Akt

Wendelin Lymbacher, von der vornehmen Welt allgemein »Herr Wendelin« gerufen, war stolz, im Grand-Hotel »Sonnenberg« dienen zu dürfen. Hier lernte man die Crème de la crème kennen, Grafen, Barone, Geheime Oberjustizräte und sogar einen Selfmade-Mann aus dem fernen Amerika, den Reverend Douglas Forrest mit Gattin aus Clifton, Cinncinati. Ja, die seltsamsten Gäste logierten hier oben! Eine Madame Schilizizi mit Familie und Bedienung aus Petersburg saß während des ganzen Tages in einer lauschigen Naturnische; ein Baron von Steffens hielt sich ausschließlich zwischen den Spiegelwänden des Konversationszimmers auf und sah sich gelangweilt beim Gähnen zu; und Campell, ein Colonel aus London, schien es offensichtlich zu genießen, in der Tiefe der Felsenkeller tagtäglich eine Molkenkur zu absolvieren. Sonderlinge, gewiß, aber alle, mochten sie erstklassiger Adel sein, wie Comte Cesar del Mayo aus Milano, oder als Künstlerin weltberühmt, wie das Fräulein von Brausewetter (mit Bedienung) aus Königsberg, alle strebten sie nach dem Five o'clock auf ihre Zimmer, um sich für das Abendessen umzuziehen. Nur dieser eine nicht, der Zwerg im Korbstuhl. Der war hocken geblieben. Herr Wendelin räusperte sich – der Korbstuhl tat keinen Wank.

Er war nämlich hier, wie man soeben erfahren hatte, hier im Hotel, er selbst, Gottfried Keller, der jubilierende

Nationaldichter! Angeblich unter falschem Namen abgestiegen, eine typische Künstlerlaune und natürlich darauf berechnet, daß man den hohen Gast früher oder später erkennen würde. Dann, so der Plan der Direktoren, wollte man den angenehm Überraschten auf die Terrasse führen, damit er das Läuten vernehme und die Feuer schaue, die die Heimat zu seinen Ehren entzündet hatte.

Herr Wendelin räusperte sich noch einmal, lauter jetzt, der Alte jedoch – er schien nichts zu merken, nichts zu hören. Er hockte ganz und gar am falschen Platz. Ein veritables Hindernis, wie Souschef Müller gesagt hatte. Bevor man den Dichter auf die Terrasse bitten konnte, mußte der Knurrhahn im Korbstuhl entfernt werden.

Noch einmal sich räuspern? Es war unter seiner Würde. Zudem hatte er Arbeit genug. Er, Wendelin Lymbacher, war der Längste der ganzen Brigade und gelangte als einziger, ohne eine Leiter ersteigen zu müssen, zum Draht hinauf, der über der Terrassenbrüstung gespannt war. Jetzt zündete er einen ersten Lampion an, klappte ihn zur Kugel auf und hakte diese, sich reckend, über dem Land an den Draht. Dann warf er einen Viertelblick über seine Schulter. Der Alte war ein Landsmann. Das erklärte, warum er die Ordnung des Hauses so dreist mißachtete – Schweizer kamen nur selten auf den Seelisberg, sie fühlten sich unter den Großen der Welt nicht wohl. Könnte, schätzte Herr Wendelin, ein alter 48er sein; bärtig, das Gesicht zerknittert, und den Wein soff er wie das Braunvieh Wasser. Herr Wendelin schüttelte sich. Gottseidank, diese Typen traten allmählich ab. Sie hatten zwar den neuen Bundesstaat gegründet und eine freiheitliche Verfassung in Kraft gesetzt, aber den Geist, der ihrer Schöpfung entsprungen war, verstanden sie nicht. Gerade sie, die für die Liberalität auf die Barrikaden gestiegen waren, warnten nun griesgrämig und besserwisserisch vor dem Verganten der Freiheit; sie polterten gegen die Eisenbahn, die die Landschaft verschandele, und in den erhabenen Grand-Hotels – man soll es nicht für möglich halten! – sahen sie Gesslerische Trutzburgen, die die Schweizer zu Lakaien verkrümmten, zu Lohn- und Trinkgeldempfängern der internationalen Adels-, Fabrik- und Kapitalherren.

Nein, entschied Wendelin Lymbacher, mit so kurzen Beinen ersteigt man keine Barrikaden, ein alter Revolutionsheld war das nicht. Eher sah er einem Künstler ähnlich, vielleicht einem Landschaftsmaler.

Nun, er mußte den Brummli von der Terrasse schaffen, und zwar so diskret wie möglich. Die Kellersche Verszeile hatte ihm mißfallen. Daran, dachte Herr Wendelin, ließe sich anknüpfen. Er trat neben den Korbstuhl und fragte, ob der Herr den allseits Gefeierten kenne, vielleicht sogar gelesen habe. Eine Weile blieb es still. Dann ein böses Geknurr, unverständliche Flüche, und wieder: Stille.

Ein sonderbarer Patron, dachte Herr Wendelin, höchste Zeit, daß er ihn loswurde.

Dritter Akt

Verkehrte Welt! Keller kochte. Er hatte allen Feierlichkeiten, den Reden und Gesängen entfliehen wollen, und jetzt thronte er wie ein Buddha inmitten des großartigsten Ehrenspektakels, ließ sich von den Höhenfeuern beglänzen, von den Kirchtürmen beschallen, und zu allem Überfluß schien sich auch das Hotel an dem Affenzirkus beteiligen zu wollen. Unten im Garten

»Es lebte in unserer Stadt ein Mann, welcher sich ein Vergnügen daraus machte, den Leuten allerlei Erfindungen vorzutragen… Aß er aber sein Brot, so sagte er,

es sei gut, wenn es schlecht war, und schlecht, wenn es gut war; hatte er Hunger, so benagte er es zimpferlich und warf die Brocken umher; hatte er keinen Hunger, so nahm er den Andern den Bissen weg und fraß sich so voll, daß er krank wurde; alsdann behauptete er, sich sehr wohl zu befinden! Überhaupt ging sein ganzes Streben dahin, sich immer für etwas anderes zu geben, als er war…« Der grüne Heinrich, erste Fassung.

Schritte, Getuschel, und der Ober, diese unsägliche Jammergestalt, hatte eine Lampiongirlande in den Nachthimmel eingezogen. Jetzt stand er wieder bei ihm. Was tun? Wie den Kerl verscheuchen? Keller trank.

Immer lief alles verkehrt. Er, der Zwerg, war zeit seines Lebens wie ein Köter um die längsten Weiber herumgestrichen. Er, der Lyriker, hatte einen vielhundertseitigen Roman geschrieben, und zwar – das war das Allerschlimmste! – in zwei verschiedenen Fassungen. Dabei war er tatsächlich zum Epiker geworden, aber die literarische Welt – o Verkehrtheit ohne Ende! – hatte sich natürlich entschlossen, ihn nur als Novellenheini ernst zu nehmen. Die Leute von Seldwyla, Schöpfungen seiner Jugend, liefen ihm nach wie gestutzte Pudel.

Der Ober rührte sich nicht. Keller blinzelte hoch. Das Peinliche war: Der Mann hatte recht. AUGEN, MEINE LIEBEN FENSTERLEIN, GEBT MIR SCHON SO LANGE HOLDEN SCHEIN, LASSET FREUNDLICH BILD UM BILD HEREIN. Den Herrn Ober ließen sie herein und diese verfluchte Innerschweizer Nachtwelt, die ihn, den Nationaldichter, feierte! Keller verkroch sich in den Korb. Wie hatte sein Freund Storm über das ABENDLIED geschrieben? Das sei »reinstes Gold der Lyrik, die schönste Frucht Ihres Alters, mein lieber Keller.« Lüge wars, Kitsch, Gouvernantenpoesie.

In den Tälern verklang das Geläute. Im nahen Feuerstoß fraßen sich die Flammen knisternd durch dürres Geäst, Funken spritzten ab und versprühten wie kleine Milchstraßen. Keller blickte ihnen nach. Die Schwester, die er lange gepflegt hatte, war tot. Die Mutter war schon lange tot. Auch seine Verlobte: tot und begraben – sie hatte sich umgebracht, kurz vor der geplanten Heirat. Er war ein alter, einsamer Tropf. GOLDENER ÜBERFLUSS?

Keller seufzte. Nein, grau war die Welt, grau das Leben, und das Alter eine einzige Plage. Er hatte keine Familie, keine Freunde ... und plötzlich, von einer Sekunde zur andern, war Keller wach, hellwach, nüchtern: Niemand konnte wissen, daß er hier oben steckte. Wie, zum Teufel, war er aufgeflogen? Etwa durch den Ober? Hatte der Lange ihn erkannt?

Keller wollte ihn ansprechen, aber der Ober, einem Rasiermesser ähnlich, klappte in einem Winkel von 90 Grad. Er verbeugte sich vor seiner Gästeschar, die, »Ah!« und »Oh!« rufend, aus dem Innern hervorrauschte.

»Was sagen Sie zu diesem Panorama?«

»Schlichtweg imposant!«

»Glücklich die Republik«, näselte ein Herr, »die ihren Sänger so feurig zu ehren versteht. Haben Sie ihn gelesen, Baronin?«

»Seine Lyrik.«

»Gewagt!«

»Aber poetisch. Wo ist Graf Rantzau? Er wollte uns begleiten.«

»Fürchte«, sagte eine britische Zunge, »der Graf haben noch an der Bar zu tun.«

Und alle verschwanden sie in den unteren Garten hinab, die Herren mit Zigarren, die Damen in seidene Schals gewickelt, und zwei rotgewandete Pagen trugen wie Ministranten einen Stoß Notenblätter hinter ihnen her.

Keller zog am Frackstoß des Langen. »He«, sagte er, »von wem habt ihr eigentlich erfahren, daß er hier ist, dieser Keller?«

Der Lange verharrte noch immer in seiner Verbeugung.

Vierter Akt

Herr Wendelin verharrte noch immer in seiner Verbeugung und sog den Parfümduft ein, der den Damen wie eine Schleppe nachflog. Wie hatte Colonel Campell eben bemerkt? »Fürchte, der Graf haben noch an der Bar zu tun.« Es durchschauerte ihn. Graf Rantzau war ein Säufer, der um diese Zeit kaum noch stehen konnte, und Colonel Campell bemerkte leichthin, »der Graf haben noch an der Bar zu tun«. That's it, dachte Herr Wendelin, das war die Sprache der großen Welt: Man säuft nicht, man hat an der Bar zu tun. Er nahm sich vor, die Redeweise par occasion anzuwenden und löste die Verbeugung langsam auf. Da erst bemerkte er, daß an seinem Frack gezogen wurde, heftig jetzt, was fiel ihm ein, dem Zwerg? Wollte er ihn rupfen?

»Wie händ Iher gmerkt, dass er da obe isch, de Chäller?«

»Vom Berner Bundesrat«, sagte Herr Wendelin.

Dann bückte er sich zum Ohr des Alten und fuhr leise fort, fast flüsternd: Vom Berner Bundesrat, der hohen Landesregierung, sei ein Telegramm eingetroffen, an Keller adressiert, den allseits gefeierten Federhelden. Daraus schließe man, daß der Genannte hier sei, unter falschem Namen natürlich, inzwischen jedoch – er warf einen Blick in die hell erleuchtete Halle hinein – inzwischen stünde man kurz davor, dem Dichter auf der Terrasse einen festlichen Empfang zu bereiten. Herr Wendelin räusperte sich. Der Empfang, wiederholte er, finde hier statt. Hier draußen. Auf der Terrasse. Keine Reaktion. Da tippte er dem Alten auf die Schulter. »Uussuufe!« sagte Wendelin Lymbacher.

Endlich schien der Brummli zu kapieren. Er nahm

die Brille ab und blickte mit großen, nassen Augen zu ihm auf.

Ein Zwerg, gewiß, aber das Haupt, dachte Herr Wendelin, war imposant, schlichtweg imposant. Der da – ein Künstler? Nein, weder ein Revolutionsheld, noch ein Landschafter! So, dachte Herr Wendelin, sieht der eidgenössische Beamte aus. Mißtrauisch die Äuglein, die Brust schmal, die Beine kurz, aber im Sitzen, hinter Pulten verschanzt, wuchs diese Sorte zu einer gewissen Würde auf, die sogar ihn, den allseits geschätzten Oberkellner, hin und wieder beeindruckte. Es tat ihm jetzt leid, daß er den Herrn so hart bedrängt hatte. Er nahm die Flasche und goß das Glas noch einmal voll. Dabei deutete er mit dem Kopf zur Halle hin. Die hatte sich inzwischen gefüllt, alles war bereit – Gäste, Direktion, Personal –, dem Dichter zu huldigen. Einer nur, ein einziger, schien sich um die Aufregung nicht zu scheren. Mitten auf der Terrasse hatte er sich in den Korbstuhl gebettet, süffelte den Wein, brummelte vor sich hin. Es war kühl geworden. Trotzdem brach Herr Wendelin der Schweiß aus, der Kragen wurde ihm eng. Huerestärnesiech, dachte er, was soll ich denn tun? Den Korbstuhl zur Brüstung tragen und auskippen? Die Lampions gaukelten und schaukelten. Auf den Höhen loderten die Feuer, und eintönig läutete nah und fern das weidende Vieh.

Beamter hin oder her, er mußte jetzt weg, der verfluchte Sesselhocker! So einer gehörte auf ein Schützenfest, verzipfeltes Nastuch auf den Grind, Bierhumpen in der Hand, das war Volk, dachte er, Plebs, auf einem Dichterempfang, Monsieur, haben wir nichts verloren! Herr Wendelin wollte den Mann gerade am Kragen pakken, da war jene Dame, die sich vorher nach dem Grafen Rantzau erkundigt hatte, aus dem Garten zurückgekehrt, auf Zehenspitzen und offenbar kurzsichtig, denn sie näherte sich, unentwegt auf den Brummli starrend, dem Korbsessel, schlug plötzlich die Hände zusammen und blieb stehen, wie angewurzelt: »Nein!« entfuhr es der Dame. Dann rauschte sie davon, in die Halle hinein. Herr Wendelin glotzte ihr nach; zum Denken kam er nicht. Souschef Müller, von der Dame aufgescheucht, schoß heraus, mit den Armen fuchtelnd und die Augen verdrehend, und auch Müller schien mit all seinen Zukkungen den Zwerg zu meinen, den Knurrhahn im Korbsessel.

Der da – ?

Der Dichter war das nicht, nein, aber der Dichter, sagte sich Herr Wendelin, war inzwischen erkannt worden und stand, wie ein Schauspieler vor dem Auftritt, in der Hotelhalle bereit. Nur noch mit Mühe, dachte Wendelin, konnte der Mann daran gehindert werden, hier draußen zu erscheinen, um die Ovation des Hauses und der Heimat entgegenzunehmen. Ja, so wars. Der große Mann wollte kommen und mußte warten. Deshalb, klare Sache, der entsetzte Blick der Dame, deshalb Souschef Müllers Verzweiflung: Der Korbstuhl stand dem Auftritt des Jubilars im Weg. Fort mit ihm! Aber wie? Herr Wendelin schickte einen Fluch zum Himmel. Dann sah er zur Halle. Tatsächlich, schon wurden Fackeln verteilt, schon stimmten die jüdischen Geiger ihre Instrumente.

Jetzt mußte er handeln, koste es, was es wolle! Die Glocken waren bereits verklungen, mehr und mehr verloren die Feuer ihre Kraft, und der da, der verfluchte Knurrhahn, lag noch immer in seinem Korb und machte alles kaputt. Auf einmal hatte Herr Wendelin die rettende Idee. Er stellte Flasche und Glas auf sein Silbertablett und stemmte diese auf drei Fingern in die Höhe. »Chumm scho«, zischte er, »chasch dinne wytersuufe!«

Der Trick bewährte sich immer (sogar beim Grafen Rantzau), jeder Säufer folgt der Flasche. Nach wenigen Schritten hielt er inne, blickte zurück. Der Alte war ihm nicht gefolgt. Seine Hände hielten sich an den Lehnen fest, das Plaid war zu Boden gerutscht, und sein Haupt stand groß und reglos über der Rückenlehne des Korbsessels.

Herr Wendelin wußte es, ganz plötzlich. Der da saß und in die Nacht sah, auf die Flanken und Gipfel, die ihre letzten Flammen in die Bläue stießen, war der Dichter Gottfried Keller. Da begann auf dem Tablett die Flasche zu zittern, kam ins Tanzen, ins Kippen – sie zerbarst in tausend Scherben. Was für eine schreckliche Peinlichkeit, was für ein Faux-pas! Lymbacher ließ seine Arme hängen, in der Rechten das Tablett, in der Linken die Serviette. Er, der doch stets und ständig um Noblesse bemüht war, um den guten Ton, um klassischen Stil, ausgerechnet er, Wendelin Lymbacher, hatte dem berühmten Nationaldichter ins Gesicht hinein gesagt, was er von seiner Lyrik halte, nämlich nichts. Er atmete tief durch. Ich muß mein dummes Wort aus der Welt schaffen, sagte sich Wendelin Lymbacher, drehte auf der Stelle um, die Verrenkungen des Souschefs, der auf die Veranda getreten war, nicht weiter beachtend, und so, in seine tiefste Verbeugung sinkend, mit scherbenknirschenden Schritten, ging Herr Wendelin Lymbacher zum Dichter zurück.

Eine verkehrte Welt, und er, Gottfried Keller, war der verdrehte Mann. Wie gierig hatte er Jahre lang um Anerkennung gebuhlt, nun bekam er sie und wäre am liebsten ins Dunkel verschwunden. Er, der Einsame, wurde ringsum von den Höhen gegrüßt, in den Tälern gefeiert, und in seinem Rücken hatte sich ein ganzes Grand-Hotel versammelt, um mit dummen Lobsprüchen und einer Grußbotschaft des Bundesrates über ihn herzufallen!

Ja, verflucht sei dieses Telegramm!

Als er gestern abend angekommen war, hatte ihn niemand beachtet. Weder der Concierge, noch die Messieurs von der hohen Direktion waren auf den Gedanken gekommen, hinter dem Namen Lee, Heinrich, Privatier, könnte sich der Schöpfer des »Grünen Heinrich« verbergen. Aber dann, es mußte im Verlauf des heutigen Abends passiert sein, war das Telegramm eingetroffen und hatte seine Anwesenheit verraten. Keller ballte die Faust. Dieser Staat, er war noch keine fünfzig Jahre alt, und bereits funktionierte sein Spitzelsystem so perfekt wie beim Zaren! Man war ihm nachgeschlichen, man hatte ihn nach Bern gemeldet. Er wollte nach dem Glas greifen, es war abserviert. Trottel! wollte er dem Ober zuzischen, aber halt! – der gute Mann hatte keinen Tadel, vielmehr ein Trinkgeld verdient: sein literarisches Empfinden war gut, sehr gut. Wie hatte er sein Abendlied taxiert? Als »lyrisches Geflitter von gestern«! Es stimmte. Das wollte Keller jetzt bekennen. Aber gerade im Moment, da er Luft holte, um zu reden, begann der andere zu reden, der Lange. Er hatte sich aufgerichtet, schnalzte genüßlich mit der Zunge, als schmecke er einen Wein ab, und jetzt, o Verkehrtheit, o Verdrehtheit! – jetzt nahm er das zuvor Gesagte zurück und erdreistete sich sogar, die verlogenen Zeilen in den höchsten Falschtönen zu loben. Trinkende Augen! Haltende Wimpern! Er, der Herr Wendelin, sei zwar ein ungebildeter Revier- und Stationskellner, aber dennoch vermöge er mit ganzer Seele zu ermessen, wie kühn das gedacht sei, wie edel gefaßt, »mit einem Wort, verehrter Meister, da ist wahre Schönheit Form, schöne Wahrheit Wort geworden, Superb!«

»Bockmist«, brummte Keller. GOLDENER ÜBERFLUSS DER WELT! Nein, mein lieber, langer Freund, grau ist alles, grau und trüb. Das weiß ich, und ich weiß es nur allzu gut. Trotzdem habe ich das Graue ins Goldene, das Traurige ins Heitere verdreht. Warum? Es geschah ganz von selbst. Je mieser mein Leben war, desto schöner wurden die Wörter. Und je schöner die Wörter, desto mieser war mein Leben. Leben? Es war kein Leben. Die Frauen, die ich begehrte, lachten mich aus. Meine Liebsten sind tot, die Freunde fern. Wird es Nacht, pickt der schwarze Vogel an meiner Seele, jeder Schnabelhieb ein Vorwurf, eine Beschuldigung, seine böse, niemals zu beantwortende Frage: Warum bist du so, wie du bist? In meinen Büchern jedoch, in meinen Gestalten habe ich gelebt, habe ich geliebt. Ja, Herr Ober, das ist das Geheimnis meiner Poesie. In meinen Gestalten, in meinen Versen war jenes Leben, zu dem ich selber nicht fähig war. – So oder ähnlich hätte Gottfried Keller zum Herrn Ober gern gesprochen. Er kam nicht dazu. Von allen Seiten wurden sie nun umringt, überall drängten Menschen hervor, in die Fenster, auf die Balkone, auf die Veranda, und innert Sekunden war die Terrasse voller Menschen.

»Hurra!« schrie einer, ein Zweiter fiel ein, aus dem untern Garten zischten Raketen ab, »hurra!«, und die Geburtstagsrosen der Damen, die Champagnerkelche der Herren, die Fackeln der Pagen – »hurra! hurra! hurra!« – stiegen im Takt über ihre Köpfe. Keller lächelte müde. Er würde sich bedanken müssen. Aber wie, wie mit einer weinschweren Zunge eine Rede halten? Er hatte einiges intus, er würde torkeln und lallen. O du verdrehte, verkehrte Welt: Aus dem feierlichsten Moment seines Lebens würde der peinlichste werden.

Da, mit mächtigem Gebraus, hob alles, was Stimme hatte, zu singen an: Köche und Gäste, Zimmermädchen und Feuerwehrleute, jüdische Geiger, Innerschweizer Handörgeler, die Hoteldirektion, ein Pfarrer, Ministranten, Studenten, Trachten, Turner, und, mit ihrem gewaltigen Organ sämtliche Instrumente und den ganzen Chor übertönend, ein wahres Gebirge aus Zöpfen, Mund und Busen –

»Das Fräulein von Brausewetter«, schrie ihm der Ober ins Ohr, »Wagner-Sängerin aus Königsberg!«

Keller nickte. Dann griff er nach der Hand des Langen und so *flogen* sie gemeinsam von der Terrasse in die Nacht hinaus, der Dichter und sein Ober, der jetzt ein Vogel war, der große Vogel Schwermut. Sie zogen hoch, über die Alpen und sogar über die Sterne hinaus – die funkelten, tief unter ihnen, wie die Scherben einer zerplatzten Flasche. Keller lachte, und mit der freien Hand winkte er der Terrasse, die in der Allnacht wegstrudelte, lange nach. Dort unten sangen sie sein Abendlied, und sie sangen es mit Inbrunst und Andacht.

… wie im Grünen Heinrich! Auf dem philosophierenden Pferd »flog oder ritt« Heinrich in die Heimatstadt. Zum Schluß »flog er eilig vom Turme hernieder, und die bergige Stadt hinanreitend, suchte er endlich die Straße und das Haus seiner Mutter auf. Das schwere Pferd konnte aber

Augen, meine lieben Fensterlein,
Gebt mir schon so lange holden Schein,
Lasset freundlich Bild um Bild herein:
Einmal werdet ihr verdunkelt sein!

Doch noch wandl ich auf dem Abendfeld,
Nur dem sinkenden Gestirn gesellt;
Trinkt, o Augen, was die Wimper hält,
Von dem goldnen Überfluß der Welt!

Anderntags, am 19. Juli 1889, trafen auf dem Seelisberg zahllose Glückwünsche ein. Burschenschaften aus der Schweiz und aus Deutschland, Vereine, Regierungen, Verehrerinnen und Verehrer schickten Depeschen und Telegramme. Man habe ihn, schrieb Gottfried Keller wenig später, »mit dem schrecklichen Geburtstag bedroht«.

Ein knappes Jahr danach, vier Tage vor dem nächsten Geburtstag, ist er in seiner Wohnung in Zürich gestorben.

nur mühsam vorwärts und es dünkte Heinrich eine qualvolle Ewigkeit, bis er endlich vor dem ersehnten Hause anlangte. Da fiel das Tier vor der Haustür zusammen und verwandelte (verwandelte!) sich zum Teil (sic!) wieder in das Gold, aus welchem es entstanden…«
Da taucht, dürfen wir vielleicht (vielleicht!) ergänzen, aus der nachtklaren Gasse Spiegel, das Kätzchen auf. Reckt den Schwanz, zieht ihn ein, lacht und geht ab.

Die einzelnen Texte dieser Sammlung sind zu verschiedenen Zeiten und in verschiedenen Publikationsorganen als Reden oder Zeitungsartikel erschienen. Hier erscheinen sie in überarbeiteter Fassung:

Sehr geehrter Herr Präsident, sehr geehrte Damen und Herren wurde als Vorstellungsrede für neue Mitglieder in die Deutsche Akademie für Sprache und Dichtung, Darmstadt, gehalten und in deren Jahrbuch 1995 erstmals veröffentlicht.

Der Kosmopolit wohnt im Kosmos wurde als Rede am 13. November 1994 vor der Freien Akademie der Künste zu Leipzig gehalten, innerhalb der Reihe: Kulturort Mitte Europa. Erstmals als Freundesausgabe des Ammann Verlags gedruckt 1995.

Das Erwachen der Steine wurde als Nachwort erstmals in dem Band von Nicolas Faure, On the Rocks, 1992, Scalo Verlag Zürich, veröffentlicht.

Das Holztheater erschien erstmals in der ZEIT, 3. März 1995.

Der Wegweiser erscheint hier erstmals im Druck.

Neutralien ist die mit einem Nachtrag versehene Fassung eines Aufsatzes, erschienen in französischer Sprache unter dem Titel »Libres en prison«, in: Le monde des débats, Paris, Juli-August 1993.

Geborene Verteidiger erschien erstmals in den Luzerner Neuesten Nachrichten, 14. Juni 1994.

Herr Freihafen aus Heidiland erschien erstmals in der Weltwoche, 24. Juni 1993.

Die Lebensflasche erschien erstmals in der Weltwoche, 6. Oktober 1994.

Verwandlung – Veränderung ist die Dankesrede für den Preis der Stiftung Bibel und Kultur, Stuttgart, 1992, und ist als Privatdruck der Stiftung Bibel und Kultur, Stuttgart im selben Jahr erschienen.

Dämmerschoppen ist erstmals in dem Band »Innerschweizer Trilogie«, Ammann Verlag 1991, erschienen.

Inhalt

MERIDIANE
Aus aller Welt

Die ersten Titel:

BAND 1
Thomas Hürlimann, *Das Holztheater*
Reden und Geschichten

BAND 2
Pierre Gandelman, *Die einzige Frau ihres Sohnes*
Roman

BAND 3
Judith Katzir, *Matisse hat die Sonne im Bauch*
Roman

BAND 4
Steinunn Sigurdardóttir, *Der Zeitdieb*
Roman

BAND 5
Dezsö Tandori, *Langer Sarg in aller Kürze*
Evidenz-Geschichten

BAND 6
Jurij Galperin, *Leschakow*
Roman